WORD SEARCH BOOK

FOR CLEVER KIDS

Ages 8–12

100 Word Search Puzzles

ISBN-979-8-71-755240-0

FREE BONUS

FREE **DOWNLOADABLE** BONUS BOOK
LOCATED END OF THE BOOK

This book belongs to...

____

INTRODUCTION

Word Search is a puzzle where you have to find hidden words in a square filled with letters.

All words can be written in any direction:

1. Horizontally
2. Vertically
3. Diagonally

SUPERHEROES 1

J	Y	X	V	A	L	Q	J	N	Z	F	P	X	D	R
Z	Z	A	A	V	A	Q	U	A	M	A	N	X	E	M
A	N	E	M	S	X	X	F	I	R	O	N	M	A	N
I	L	E	K	N	B	J	T	E	O	W	E	F	D	M
D	H	K	A	S	R	O	B	I	N	J	J	O	P	H
U	U	G	O	A	U	H	Q	P	I	E	O	N	O	Y
C	O	H	A	T	R	D	A	H	H	X	T	J	O	X
L	Q	B	A	T	M	A	N	G	U	X	G	H	L	A
S	U	P	E	R	M	A	N	R	L	Z	Q	I	O	U
S	P	I	D	E	R	M	A	N	K	H	O	J	Y	R

WORDS TO FINDS

BATMAN	AQUAMAN
SPIDER-MAN	DEADPOOL
SUPERMAN	LOGAN
IRON MAN	ROBIN
HULK	THOR

 Time: ______________  BEGINNERS 

FAIRY TALE CHARACTERS 2

N	U	T	C	R	A	C	K	E	R	H	E	F	Z	R
B	T	S	A	D	I	P	O	P	R	J	F	I	K	P
L	Z	Y	L	H	M	L	F	B	T	Z	A	F	K	D
U	P	R	A	P	U	N	Z	E	L	T	Z	C	U	W
E	Z	B	D	B	C	S	N	O	W	Q	U	E	E	N
B	Y	A	D	B	Y	Q	L	M	E	R	M	A	I	D
E	I	C	I	I	C	I	N	D	E	R	E	L	L	A
A	X	S	N	O	W	W	H	I	T	E	G	I	R	X
R	I	T	H	U	M	B	E	L	I	N	A	E	M	B
D	P	I	N	O	C	C	H	I	O	T	H	Z	T	O

WORDS TO FINDS

CINDERELLA
THUMBELINA
RAPUNZEL
SNOW WHITE
NUTCRACKER
BLUEBEARD
MERMAID
ALADDIN
PINOCCHIO
SNOW QUEEN

Time: ________  BEGINNERS 

CAR BRANDS 3

S	V	J	L	I	N	K	J	P	S	I	Y	K	S	A
I	O	D	H	L	Q	I	T	C	R	A	N	O	E	A
H	L	N	E	T	X	Z	S	A	W	I	Q	S	P	F
B	V	P	T	Q	R	A	R	S	S	C	Z	W	F	I
J	O	A	B	A	D	R	Y	U	A	M	W	U	O	Z
E	T	S	U	I	E	E	H	N	X	N	V	K	R	G
E	H	G	Q	F	G	J	R	O	F	H	A	U	D	I
P	A	R	I	U	W	E	N	J	N	Z	H	G	J	K
J	H	P	S	T	O	Y	O	T	A	D	O	I	J	E
I	I	Y	X	P	S	O	X	K	U	J	A	I	D	B

WORDS TO FINDS

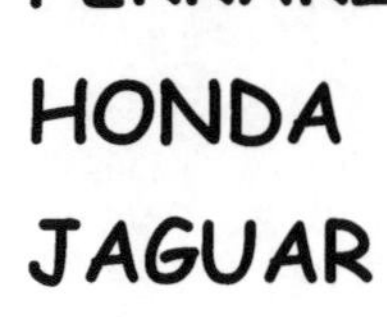

AUDI	FORD
NISSAN	TOYOTA
VOLVO	FERRARI
JEEP	HONDA
OPEL	JAGUAR

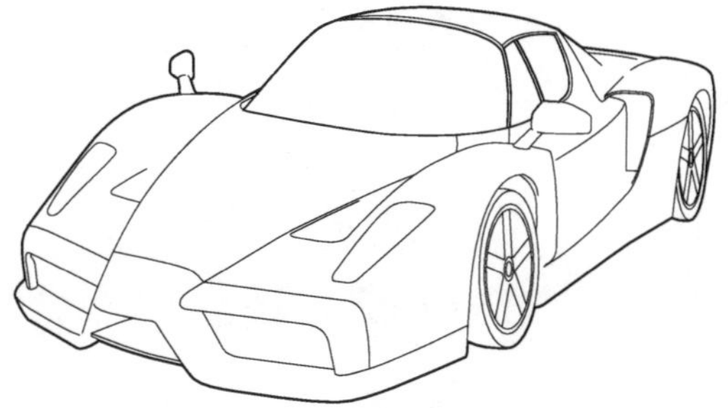

SPACE 4

A	S	T	R	O	N	A	U	T	I	P	N	V	A	S
V	I	M	T	S	Y	A	F	T	Y	P	E	J	F	P
D	S	X	Q	S	W	F	D	N	J	L	R	W	W	A
S	A	T	E	L	L	I	T	E	R	A	O	L	L	C
X	V	O	J	I	A	N	B	Z	T	N	X	W	N	E
A	S	T	E	R	O	I	D	S	Q	E	W	F	T	S
J	T	F	Z	P	Q	S	X	I	Z	T	I	K	L	H
T	B	U	V	T	J	M	M	O	O	N	M	Z	L	I
M	E	T	E	O	R	I	T	E	C	O	M	E	T	P
E	L	O	B	A	S	T	R	O	N	O	M	Y	O	D

WORDS TO FINDS

PLANET
STAR
ASTRONOMY
SATELLITE
MOON

COMET
ASTEROID
METEORITE
SPACESHIP
ASTRONAUT

COUNTRIES 5

S	G	R	E	A	T	B	R	I	T	A	I	N	V	V
R	P	I	K	H	X	V	W	J	R	Z	N	R	N	V
W	X	A	V	Y	U	L	D	U	F	A	R	D	P	Z
Q	Y	Z	I	O	F	N	E	H	B	R	Z	C	D	M
W	X	Y	B	N	A	Q	P	U	T	E	A	A	M	I
C	E	W	U	L	C	B	R	A	Z	I	L	N	V	F
C	Q	N	G	K	H	T	L	E	X	V	W	A	C	Z
X	E	N	B	U	I	A	F	E	H	K	Q	D	E	E
G	E	R	M	A	N	Y	L	D	Q	L	R	A	R	E
S	C	O	T	L	A	N	D	G	R	E	E	C	E	I

WORDS TO FINDS

GREAT BRITAIN
ENGLAND
SCOTLAND
FRANCE
GERMANY

GREECE
SPAIN
CHINA
BRAZIL
CANADA

Time: ____________ BEGINNERS

CITY 6

B	S	K	Y	S	C	R	A	P	E	R	P	L	A	G
U	S	U	P	E	R	M	A	R	K	E	T	N	A	Y
I	J	S	Y	Y	A	S	O	L	D	W	G	K	I	D
L	V	N	T	M	J	T	D	J	X	M	M	D	J	G
D	M	S	P	M	S	B	A	K	E	R	Y	B	L	K
I	Q	R	T	K	O	Q	P	H	A	R	M	A	C	Y
N	Z	G	O	R	Z	E	Q	V	M	P	E	N	T	O
G	V	O	W	Z	E	C	S	N	T	F	D	K	L	W
O	B	H	N	S	W	E	S	Q	U	A	R	E	E	V
P	U	S	Q	T	F	S	T	A	R	H	K	L	R	P

WORDS TO FINDS

TOWN
BUILDING
SKYSCRAPER
SUPERMARKET
BANK

BOOKSTORE
BAKERY
SQUARE
PHARMACY
STREET

Time:  BEGINNERS 

TIME 7

T	M	I	L	L	E	N	N	I	U	M	P	F	K	T
F	P	M	L	E	B	P	W	C	P	Y	D	A	G	Y
Q	A	Q	W	G	P	R	E	S	E	N	T	L	S	W
E	V	E	N	I	N	G	X	H	N	G	P	H	I	T
C	E	N	T	U	R	Y	V	K	N	F	H	A	G	E
I	M	O	R	N	I	N	G	J	I	U	R	Y	Z	H
H	B	A	Z	V	K	F	T	V	G	T	O	A	K	T
M	Y	Y	W	M	W	H	G	V	H	U	R	D	S	C
R	L	D	L	Q	Y	N	D	E	T	R	X	A	E	Q
F	S	C	A	A	Z	D	J	F	W	E	U	Y	C	V

WORDS TO FINDS

PAST
FUTURE
PRESENT
AGE
MILLENNIUM

CENTURY
MORNING
EVENING
NIGHT
DAY

MONTHS 8

G	J	S	E	P	T	E	M	B	E	R	R	A	L	J
R	F	E	B	R	U	A	R	Y	V	R	T	U	H	T
H	F	I	U	N	H	H	H	V	N	J	Q	G	J	M
M	N	B	A	A	M	X	L	J	Y	J	Q	U	U	T
N	U	V	U	H	B	A	E	T	U	Z	A	S	N	Q
A	D	L	A	G	N	H	R	T	K	L	D	T	E	F
P	X	J	B	Q	V	D	S	C	I	A	Y	V	O	A
R	W	M	B	M	G	I	F	C	H	D	S	Y	X	M
I	D	P	R	R	P	Q	J	A	N	U	A	R	Y	A
L	O	C	T	O	B	E	R	A	Y	V	E	F	D	Y

WORDS TO FINDS

JANUARY	JUNE
FEBRUARY	JULY
MARCH	AUGUST
APRIL	SEPTEMBER
MAY	OCTOBER

CALENDAR 9

F	G	W	X	A	M	K	D	J	Q	L	M	B	U	X
P	D	K	O	F	F	Z	F	C	P	G	D	R	A	H
E	B	D	J	E	Q	O	M	Q	X	M	E	S	M	W
G	Y	R	C	M	W	E	E	K	H	O	I	T	M	L
T	H	U	R	S	D	A	Y	O	Z	N	O	U	O	F
S	A	T	U	R	D	A	Y	S	R	T	Y	E	N	O
J	W	Y	W	I	F	L	S	C	H	H	E	S	D	R
V	F	E	U	A	N	W	E	D	N	E	S	D	A	Y
S	D	A	M	G	J	F	P	S	U	N	D	A	Y	O
P	D	R	D	C	J	F	R	I	D	A	Y	Y	Z	R

WORDS TO FINDS

MONDAY	SATURDAY
TUESDAY	SUNDAY
WEDNESDAY	WEEK
THURSDAY	YEAR
FRIDAY	MONTH

Time: ______________________  BEGINNERS 

BIRDS 10

U	S	W	N	M	D	D	V	G	K	R	L	O	D	Q
O	W	O	O	D	P	E	C	K	E	R	W	N	P	H
E	A	P	E	A	C	O	C	K	S	X	X	A	M	N
O	L	F	Q	C	K	W	W	O	O	Z	C	R	O	W
P	L	T	E	Z	O	G	C	O	E	V	K	E	O	P
E	O	I	K	R	J	J	I	V	T	E	G	F	G	D
B	W	U	R	M	X	I	B	Q	R	I	O	A	J	N
H	D	A	E	A	G	L	E	D	P	K	W	D	N	V
A	P	N	F	V	F	G	L	B	R	G	L	Q	F	H
S	P	A	R	R	O	T	T	S	A	S	W	A	N	R

WORDS TO FINDS

SPARROW	EAGLE
PIGEON	SWAN
WOODPECKER	PEACOCK
SWALLOW	OWL
PARROT	CROW

Time:  BEGINNERS 

MARINE LIFE 11

B	B	H	E	W	J	V	W	K	H	M	N	B	Y	J
T	I	W	N	O	C	T	O	P	U	S	E	D	F	J
G	D	A	I	V	C	R	A	B	N	U	R	K	I	Y
D	L	L	D	O	L	P	H	I	N	H	O	G	S	R
K	V	R	P	P	F	E	V	V	K	C	I	P	H	O
W	S	U	Z	K	F	Q	S	T	I	N	G	R	A	Y
H	A	S	V	S	T	A	R	F	I	S	H	L	X	S
A	U	C	L	T	Q	R	F	S	D	S	T	Z	I	T
L	S	Z	A	V	J	E	L	L	Y	F	I	S	H	E
E	I	P	B	T	X	Y	S	B	C	J	Y	V	G	R

WORDS TO FINDS

CRAB
DOLPHIN
JELLYFISH
OCTOPUS
FISH
OYSTER
STARFISH
WHALE
WALRUS
STINGRAY

ZOO ANIMALS 12

E	L	E	P	H	A	N	T	Z	E	V	T	X	S	X
R	H	G	I	N	Z	H	Q	X	W	B	R	M	L	J
X	E	I	K	D	G	A	Z	S	M	V	O	U	L	H
Z	T	R	C	A	V	B	I	T	R	H	Y	E	N	A
E	O	A	K	X	N	L	W	Q	V	O	M	T	M	Y
B	J	F	B	A	I	G	I	M	T	A	C	O	U	Q
R	C	F	L	E	M	U	A	O	C	O	H	T	N	L
A	J	E	R	Q	A	I	X	R	N	Q	O	V	O	A
C	N	S	Y	A	T	R	V	C	O	N	J	C	U	K
W	T	I	G	E	R	T	C	H	M	O	N	K	E	Y

WORDS TO FINDS

ELEPHANT	LION
BEAR	TIGER
ZEBRA	KANGAROO
MONKEY	CAMEL
GIRAFFE	HYENA

FARM ANIMALS 13

L	O	D	O	N	K	E	Y	N	M	C	F	L	H	S
C	W	G	U	K	A	Y	W	D	B	Q	X	U	O	X
X	O	L	C	X	P	Y	C	O	C	K	E	R	R	H
U	U	W	Y	U	J	H	Y	G	Q	D	J	G	S	D
J	R	N	N	C	H	I	C	K	E	N	F	J	E	K
G	V	P	Z	B	U	B	E	D	S	W	S	W	U	P
S	G	R	R	O	D	L	M	J	Q	Q	K	B	E	N
A	M	O	Y	P	F	C	G	B	C	P	W	E	G	H
A	L	Y	A	T	Y	A	P	I	G	J	H	W	R	I
J	Z	U	G	T	B	T	T	P	Y	S	Q	P	U	E

WORDS TO FINDS

SHEEP	HORSE
CHICKEN	DONKEY
PIG	CAT
COW	DOG
COCK	GOAT

FRUIT 14

N	P	R	D	P	X	N	B	J	M	N	K	Y	S	S
O	M	K	P	I	N	E	A	P	P	L	E	I	Y	Y
J	R	H	G	R	U	G	N	H	J	O	J	X	A	X
Z	W	A	A	B	G	R	A	P	E	F	R	U	I	T
B	M	E	N	L	N	A	N	D	X	M	W	N	K	X
F	P	N	A	G	L	F	A	M	L	S	E	T	G	D
Q	Q	W	G	M	E	E	M	A	P	P	L	E	K	R
O	P	L	U	M	X	J	M	P	E	A	C	H	U	B
A	P	R	I	C	O	T	L	O	N	J	O	H	T	B
T	P	C	W	A	M	V	S	V	N	L	D	R	C	B

WORDS TO FINDS

APPLE	PINEAPPLE
BANANA	PLUM
ORANGE	APRICOT
PEACH	GRAPEFRUIT
PEAR	LEMON

Time:  BEGINNERS 

VEGETABLES 15

T	R	P	O	T	A	T	O	A	J	K	B	F	T	U
O	A	T	C	U	N	C	F	O	N	I	O	N	U	D
M	D	Q	T	U	B	H	Y	H	W	N	A	N	O	X
A	I	S	H	G	C	M	G	C	E	L	T	T	B	H
T	S	B	I	R	A	U	V	G	P	E	C	L	V	M
O	H	G	O	X	B	W	M	G	V	F	A	V	F	S
O	C	M	G	I	B	X	G	B	X	W	R	B	J	B
W	T	N	J	K	A	E	I	J	E	J	R	E	H	N
P	E	A	S	R	G	X	O	G	A	R	O	E	M	M
L	T	J	F	Z	E	T	M	C	T	K	T	T	Y	L

WORDS TO FINDS

CUCUMBER	CARROT
POTATO	CABBAGE
TOMATO	BEET
EGGPLANT	PEAS
RADISH	ONION

Time: ____________ BEGINNERS

HOUSE 16

G	H	G	Z	L	P	H	W	A	C	X	P	E	N	E
A	X	T	L	U	W	L	I	B	U	J	J	N	B	O
R	T	A	R	I	O	S	N	A	Q	R	O	O	F	J
A	H	P	E	N	R	Q	D	L	C	U	R	R	G	Z
G	H	H	I	I	F	E	O	C	L	R	U	O	H	E
E	R	V	A	L	F	C	W	O	O	H	Z	P	O	M
K	I	T	C	H	E	N	B	N	S	A	W	U	D	M
Z	S	F	I	Z	C	R	C	Y	E	L	L	Q	O	S
Q	U	I	L	C	N	M	A	G	T	O	C	A	O	H
O	M	Q	S	M	U	E	C	O	P	R	Z	A	R	Z

WORDS TO FINDS

ROOM
BALCONY
CLOSET
DOOR
ROOF

WINDOW
GARAGE
KITCHEN
STAIRS
HALL

COLOUR 17

S	L	P	B	E	T	X	Q	O	Q	G	N	M	I	L
U	W	M	H	A	F	J	R	K	S	W	D	S	X	U
I	S	G	R	O	P	W	L	X	O	X	J	P	H	U
R	G	W	T	X	U	Z	T	R	O	Q	P	Z	H	Z
G	U	G	H	V	R	L	B	L	U	O	N	I	R	E
H	Q	Z	B	D	P	M	Z	B	K	C	H	R	U	G
B	L	A	C	K	L	Z	M	H	T	M	H	L	E	Z
G	R	E	E	N	E	W	H	I	T	E	B	Y	E	D
O	R	A	N	G	E	T	G	P	C	H	G	R	A	Y
H	U	D	Y	E	L	L	O	W	A	O	B	S	U	N

WORDS TO FINDS

BLACK
BLUE
BROWN
GRAY
GREEN
ORANGE
PURPLE
RED
WHITE
YELLOW

SHAPE 18

P	A	R	A	L	L	E	L	O	G	R	A	M	N	B
G	A	V	U	R	S	M	B	W	T	R	K	O	Z	L
W	B	G	W	M	H	U	X	B	R	H	G	D	S	E
L	P	F	Q	O	E	L	T	X	A	O	S	Q	Q	I
N	M	L	I	L	Q	Z	O	N	P	M	U	C	U	Q
M	R	E	C	T	A	N	G	L	E	B	N	E	A	Z
I	T	R	I	A	N	G	L	E	Z	U	O	C	R	O
Y	I	H	E	X	A	G	O	N	O	S	A	Q	E	J
C	P	J	Y	W	Z	K	C	R	I	M	O	V	A	L
P	E	N	T	A	G	O	N	L	D	I	I	D	L	D

WORDS TO FINDS

CIRCLE
RHOMBUS
SQUARE
TRIANGLE
TRAPEZOID
RECTANGLE
OVAL
PENTAGON
HEXAGON
PARALLELOGRAM

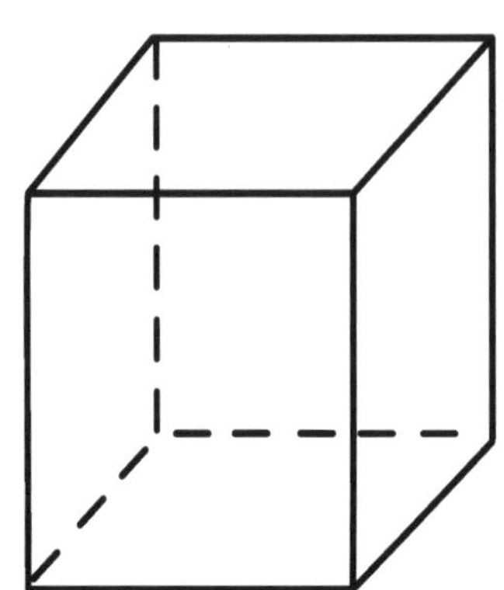

SCHOOL 19

S	H	A	R	P	E	N	E	R	D	I	V	O	E	I
U	C	M	B	Q	B	L	A	C	K	B	O	A	R	D
E	Q	X	L	N	B	P	B	A	C	K	P	A	C	K
C	I	O	B	P	R	E	C	O	S	A	K	V	W	L
H	L	Q	C	E	Q	N	G	E	G	R	C	W	R	M
A	A	O	S	C	Q	C	D	L	O	X	G	E	W	A
L	Z	A	C	M	S	I	V	B	H	A	L	J	D	H
K	R	Y	A	K	X	L	C	V	V	U	O	S	T	T
E	Q	L	D	B	E	F	F	G	R	R	B	V	X	Z
N	O	O	R	O	F	R	A	U	R	I	E	M	U	R

WORDS TO FINDS

BACKPACK
BLACKBOARD
CHALK
DESK
ERASER

LOCKER
PENCIL
SHARPENER
RULER
GLOBE

BODY PARTS 20

B	W	J	F	S	K	Q	E	S	F	O	O	T	E	L
W	C	A	E	C	M	C	R	M	R	F	H	N	V	E
X	P	O	A	A	D	E	R	K	V	V	Z	F	M	G
O	T	B	T	O	G	R	P	A	K	D	V	R	G	D
L	A	V	K	N	O	J	C	W	G	O	A	D	A	I
G	L	H	I	S	H	O	U	L	D	E	R	E	C	Y
L	B	F	E	L	Y	C	Z	Q	B	G	H	E	H	W
V	S	U	B	H	A	N	D	Z	V	G	S	A	E	M
O	P	Y	M	A	S	V	Q	T	Q	F	O	J	S	P
D	E	T	S	K	Q	A	J	R	S	N	Q	M	T	U

WORDS TO FINDS

HEAD	HAND
ARM	LEG
BACK	TOES
CHEST	FINGERS
SHOULDER	FOOT

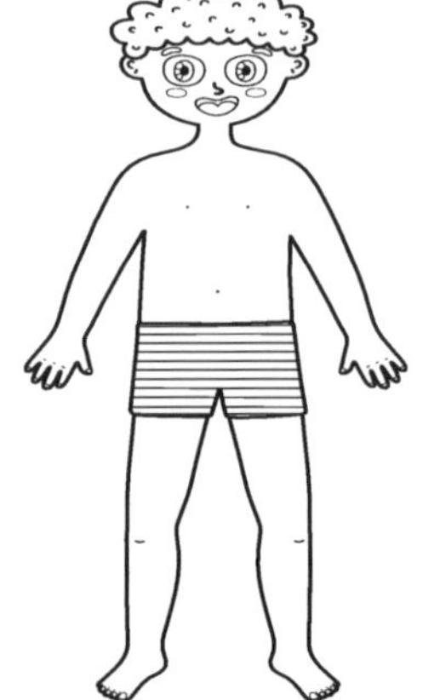

FACE PARTS 21

H	M	O	U	T	H	A	A	F	E	J	O	M	Y	M
M	G	Q	T	H	H	Q	M	O	P	K	F	M	X	F
R	E	Z	T	U	M	V	P	R	B	S	R	T	S	E
T	Y	E	Z	T	E	H	W	E	Q	J	E	R	A	Y
S	E	K	Y	F	K	S	S	H	U	N	U	V	W	E
T	L	B	X	L	L	P	G	E	U	M	H	M	N	B
E	A	F	A	W	I	O	K	A	K	N	J	I	Q	R
P	S	U	I	L	X	P	J	D	L	C	H	E	V	O
C	H	E	E	K	S	A	G	L	V	C	A	L	Y	W
W	M	F	T	T	O	N	G	U	E	H	K	I	T	E

WORDS TO FINDS

CHEEK
CHIN
EYE
EYEBROW
EYELASH
FOREHEAD
LIPS
MOUTH
TEETH
TONGUE

MENSWEAR 22

A	V	H	E	E	I	B	F	I	B	O	W	T	I	E
W	S	H	O	R	T	S	Q	F	T	O	Y	Z	S	M
A	A	C	D	V	D	I	E	E	S	H	I	R	T	P
L	U	I	P	G	D	W	K	P	R	H	E	K	O	V
C	J	K	S	B	V	C	X	J	D	S	F	B	S	G
H	R	G	F	T	A	E	V	Z	U	X	W	E	K	E
I	B	L	R	J	C	P	S	O	E	B	U	P	I	P
N	X	R	N	L	M	O	R	T	U	X	E	D	O	N
O	W	M	P	F	D	T	A	W	C	T	O	H	Q	P
S	T	E	C	S	U	I	T	T	V	S	M	D	H	K

WORDS TO FINDS

SUIT
SHIRT
WAISTCOAT
TROUSERS
TUXEDO

CHINOS
SHORTS
BOW-TIE
VEST
JACKET

Time: ______________

BEGINNERS

WOMENSWEAR 23

T	L	E	G	G	I	N	G	S	B	I	P	R	B	F
T	U	C	X	E	O	H	Q	Y	L	P	C	Z	Q	L
L	J	N	Z	K	S	Z	T	W	O	A	B	W	V	J
G	O	R	I	X	I	A	R	T	U	S	H	A	W	L
D	W	K	S	C	O	L	K	S	S	S	K	X	T	Y
R	P	S	W	C	A	N	R	I	E	Q	Y	I	F	Y
E	K	E	R	X	A	P	O	N	C	H	O	I	R	G
S	S	U	T	T	O	M	A	K	J	U	J	K	R	T
S	F	E	J	N	H	N	O	P	J	F	Q	M	A	L
S	T	O	C	K	I	N	G	S	Y	C	X	W	A	S

WORDS TO FINDS

DRESS
SKIRT
TUNIC
BLOUSE
LEGGINGS
FUR COAT
PONCHO
SHAWL
STOCKINGS
TANK TOP

FOOD 24

M	U	S	H	R	O	O	M	I	R	S	A	L	A	D
E	G	M	G	X	L	L	T	W	C	I	S	G	S	T
H	P	P	N	W	E	T	B	Y	C	N	C	W	A	D
F	K	A	C	T	E	O	F	Y	C	F	K	E	N	B
U	R	N	I	H	A	M	B	U	R	G	E	R	D	U
W	J	C	G	G	Y	A	M	B	T	Y	O	N	W	T
H	J	A	P	S	Q	R	E	T	K	C	U	S	I	T
A	P	K	P	O	Y	E	A	O	P	G	V	N	C	E
S	T	E	V	W	T	S	T	O	H	J	H	J	H	R
H	U	X	Z	W	B	R	P	J	Z	B	Y	V	R	R

WORDS TO FINDS

HAMBURGER
BUTTER
MEAT
MUSHROOM
PANCAKE
POPCORN
RICE
SANDWICH
SPAGHETTI
SALAD

Time: ____________  BEGINNERS 

DRINKS 25

Q	F	P	F	S	E	N	P	Y	U	B	R	H	W	M
W	A	T	E	R	L	E	M	O	N	A	D	E	M	M
S	G	I	U	Z	C	C	Y	L	S	P	T	W	A	I
V	H	J	N	T	O	C	O	R	B	N	N	D	Q	L
R	R	P	R	H	C	O	I	C	D	T	O	V	J	K
T	J	B	K	A	K	F	A	U	O	S	J	O	H	S
O	K	L	R	T	T	F	F	C	H	A	U	E	R	H
I	I	F	C	E	A	E	P	D	T	Z	I	T	O	A
M	S	J	U	A	I	E	N	K	M	Q	C	K	T	K
U	C	T	L	U	L	I	Y	E	H	Y	E	G	E	E

WORDS TO FINDS

WATER	MILK
LEMONADE	COCOA
TEA	MILKSHAKE
COFFEE	COCKTAIL
JUICE	SODA

FAMILY 26

G	S	J	O	B	H	R	X	X	K	Z	I	N	S	F
U	N	C	L	E	R	F	G	H	T	I	O	V	I	H
M	O	T	H	E	R	O	N	E	P	H	E	W	S	V
S	P	U	U	L	K	G	T	U	R	I	I	M	T	U
O	G	B	H	D	A	U	G	H	T	E	R	N	E	P
N	G	R	R	B	X	E	N	D	E	L	K	I	R	A
E	Z	U	E	X	G	R	U	G	N	R	M	E	Z	U
X	F	A	T	H	E	R	V	D	N	U	E	C	B	N
L	K	Y	F	F	C	W	S	Y	D	F	H	E	N	T
A	A	I	F	H	P	S	O	V	T	B	U	C	I	N

WORDS TO FINDS

MOTHER	BROTHER
FATHER	AUNT
SON	UNCLE
DAUGHTER	NIECE
SISTER	NEPHEW

Time:  BEGINNERS 

TOYS 27

T	E	D	D	Y	B	E	A	R	M	G	N	F	Q	J
Y	X	Y	R	R	Q	Z	P	I	P	B	S	F	I	P
D	W	A	G	N	K	F	I	D	U	T	R	A	I	N
F	K	L	W	F	E	O	C	O	O	N	U	L	J	D
W	Q	J	D	I	G	Z	Z	L	Q	O	B	D	L	G
N	V	V	B	E	B	T	X	L	Z	P	A	C	I	B
G	O	R	L	T	R	O	B	O	T	B	L	M	Q	H
N	A	S	G	S	C	Q	I	D	G	S	L	S	S	B
B	L	Q	U	D	A	V	Y	V	M	W	Z	W	R	T
Y	N	B	B	N	R	P	C	B	L	O	C	K	S	B

WORDS TO FINDS

ROBOT	BUS
CAR	BALL
DOLL	TEDDY BEAR
BLOCKS	BARBIE
LEGO	TRAIN

ROAD 28

U	C	R	O	S	S	W	A	L	K	M	G	O	E	B
G	N	F	T	S	M	X	M	B	R	I	D	G	E	O
I	X	D	E	X	P	R	E	S	S	W	A	Y	S	U
R	V	Q	E	W	D	R	A	U	L	R	Z	I	A	L
K	E	X	F	R	S	T	R	A	F	F	I	C	E	E
H	J	Z	I	L	P	T	U	N	N	E	L	U	G	V
Y	W	N	L	J	I	A	K	R	I	I	N	S	H	A
C	Y	F	B	F	B	S	S	E	C	E	J	V	V	R
P	A	V	E	M	E	N	T	S	V	X	H	H	K	D
Q	T	Y	Z	Q	O	W	C	A	A	L	L	E	Y	R

WORDS TO FINDS

TRAFFIC	EXPRESSWAY
ALLEY	CROSSWALK
AVENUE	PAVEMENT
BOULEVARD	UNDERPASS
BRIDGE	TUNNEL

CULTURAL EVENTS 29

X	E	N	L	A	I	T	R	A	R	P	A	Y	M	Q
D	C	I	N	E	M	A	Y	Y	P	J	T	Z	U	K
Y	G	P	V	Q	R	P	G	K	B	R	A	A	S	I
Q	X	P	K	O	K	Z	P	H	A	U	T	O	E	C
A	Q	U	A	P	A	R	K	P	R	M	G	X	U	I
P	F	D	B	R	E	L	I	B	R	A	R	Y	M	R
Y	J	X	U	C	L	W	B	Z	A	Y	Z	F	Q	C
T	H	E	A	T	R	E	Y	K	C	Z	U	S	J	U
C	P	A	R	K	K	V	L	X	G	I	O	H	T	S
A	K	W	A	H	B	Z	D	I	S	C	O	O	O	D

WORDS TO FINDS

AQUAPARK	CIRCUS
PARTY	THEATRE
DISCO	MUSEUM
CINEMA	ZOO
PARK	LIBRARY

CIRCUS 30

L	H	W	R	S	T	R	Q	N	Z	G	L	P	M	S
E	Q	G	P	L	E	R	W	X	Y	I	F	Q	A	P
O	G	W	S	L	B	O	A	F	Z	A	S	R	G	E
I	R	Y	G	I	L	E	J	M	K	N	K	P	I	C
B	O	G	M	C	F	Q	M	M	P	T	D	E	C	T
C	U	R	L	N	E	L	L	T	X	O	U	B	I	A
J	Q	G	Y	C	A	R	N	I	V	A	L	O	A	T
H	M	E	G	H	C	S	Y	X	I	C	Z	I	N	O
A	C	R	O	B	A	T	T	F	N	H	I	S	N	R
A	T	T	R	A	C	T	I	O	N	S	K	Y	D	E

WORDS TO FINDS

ACROBAT
TRAMPOLINE
ATTRACTIONS
MAGICIAN
GIANT
GYMNAST
JUGGLER
SPECTATOR
CARNIVAL
CLOWN

Time: ______________________ BEGINNERS

WOMEN'S DAY 31

R	B	U	P	E	R	F	U	M	E	R	Y	V	P	S
L	M	R	A	H	G	L	E	Z	K	A	G	A	O	N
V	H	E	P	O	X	O	E	T	O	K	I	W	S	O
J	K	S	U	L	P	W	C	A	N	D	Y	W	T	W
H	A	P	P	I	N	E	S	S	G	A	F	O	C	D
U	K	E	C	D	I	R	K	F	H	G	A	M	A	R
L	D	C	R	A	N	S	J	M	F	G	C	A	R	O
K	K	T	G	Y	O	B	D	D	F	H	T	N	D	P
P	T	R	P	W	N	E	M	S	O	T	J	D	L	S
S	P	R	I	N	G	X	A	K	Z	S	R	O	G	Y

WORDS TO FINDS

SNOWDROPS
SPRING
FLOWERS
CANDY
RESPECT

WOMAN
HOLIDAY
PERFUMERY
HAPPINESS
POSTCARD

CHRISTMAS 32

V	D	G	N	L	K	H	S	U	R	H	E	J	P	T
V	B	R	D	Q	F	T	Y	S	V	N	V	P	S	G
M	F	M	B	H	N	G	Z	K	W	X	Y	I	D	S
O	H	I	T	S	N	E	W	Y	E	A	R	N	U	A
A	P	C	T	K	S	E	H	C	Q	H	A	N	I	E
F	N	F	A	S	A	N	T	A	C	L	A	U	S	C
V	I	G	K	N	N	D	P	B	R	L	M	S	X	A
G	L	J	E	L	D	T	I	A	G	U	A	M	Y	R
L	E	C	S	L	H	L	G	P	H	I	R	D	A	O
J	I	N	G	L	E	B	E	L	L	S	Y	L	Q	L

WORDS TO FINDS

ANGEL
CANDLE
CAROL
CHRIST
SANTA CLAUS
GARLAND
GIFTS
JINGLE BELLS
MARY
NEW YEAR

Time: ____________________

BEGINNERS

HALLOWEEN 33

G	B	R	O	O	M	S	T	I	C	K	C	E	W	F
S	H	I	S	C	A	R	E	C	R	O	W	S	C	D
V	X	O	J	K	C	X	S	V	Q	Y	I	L	O	X
Z	P	C	S	B	B	C	E	N	X	H	W	R	S	G
J	U	S	C	T	K	T	I	K	P	E	M	W	T	R
J	H	K	W	Z	P	F	J	X	K	X	F	U	U	A
X	Q	U	Y	K	F	S	P	O	O	K	Y	V	M	V
M	O	L	K	O	S	K	E	L	E	T	O	N	E	E
I	R	L	C	B	M	F	P	U	O	S	S	D	W	E
X	P	U	M	P	K	I	N	I	F	B	Q	R	K	F

WORDS TO FINDS

PUMPKIN
SPOOKY
SKULL
COFFIN
GRAVE

COSTUME
BROOMSTICK
SKELETON
SCARECROWS
GHOST

BIRTHDAY 34

K	Z	R	A	Z	H	K	Q	O	H	U	I	K	F	B
Q	M	G	M	C	B	A	L	L	O	O	N	G	E	C
U	U	A	X	X	J	S	Z	F	X	X	C	U	I	O
D	X	M	I	Q	J	X	A	F	F	H	G	E	S	N
O	G	E	F	R	I	E	N	D	S	N	R	S	W	F
W	C	S	M	U	M	D	B	E	Z	L	V	T	E	E
I	U	W	C	Z	N	C	D	U	B	T	V	S	E	T
X	P	O	I	N	S	P	A	R	K	L	E	R	T	T
N	E	X	I	S	R	Q	D	K	C	A	K	E	S	I
Y	A	G	L	D	H	L	E	S	E	O	R	R	V	C

WORDS TO FINDS

GUESTS	CAKE
SPARKLER	FRIENDS
FUN	GAMES
BALLOON	CONFETTI
WISH	SWEETS

Time:  INTERMEDIATE

AUTOBOTS 35

X	C	N	E	Z	B	S	Y	F	M	B	K	E	B	E
U	F	Z	Z	J	R	A	I	Z	J	P	R	O	W	L
A	V	A	T	L	X	A	P	D	X	B	S	R	H	O
U	J	D	K	P	V	A	T	L	E	W	H	B	W	C
I	R	O	N	H	I	D	E	C	U	S	E	S	I	R
U	A	O	P	T	I	M	U	S	H	X	W	F	T	O
C	R	M	E	G	A	T	R	O	N	E	R	I	V	T
C	C	W	Z	Y	A	O	A	G	H	X	T	Z	P	N
A	E	M	N	B	U	M	B	L	E	B	E	E	G	E
J	E	S	T	A	R	S	C	R	E	A	M	G	Y	V

WORDS TO FINDS

MEGATRON
OPTIMUS
BUMBLEBEE
PROWL
JAZZ
SIDESWIPE
ARCEE
RATCHET
IRONHIDE
STARSCREAM

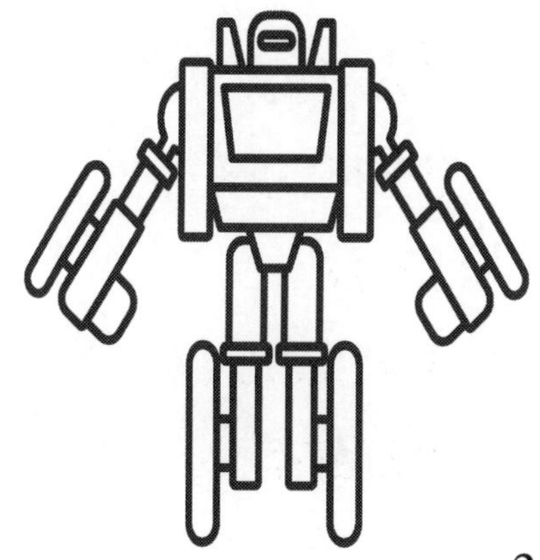

Time:  

REPTILES 36

C	S	C	D	Z	N	S	I	L	F	H	L	A	L	I
U	R	V	H	W	U	S	E	G	T	E	R	E	K	C
U	P	O	W	V	W	S	E	P	L	B	K	V	F	H
H	F	Y	C	O	N	S	K	T	O	A	Z	İ	J	A
Y	W	W	N	O	V	L	R	C	N	L	U	G	I	M
G	N	F	H	X	D	U	I	S	G	Y	D	U	U	E
G	R	T	R	X	T	I	A	Z	R	T	U	A	M	L
Y	Y	G	U	O	H	H	L	Z	A	F	Z	N	H	E
P	Z	T	O	O	G	L	Q	E	S	R	Z	A	G	O
Z	D	M	D	I	N	O	S	A	U	R	D	G	N	N

WORDS TO FINDS

CROCODILE
TURTLE
LIZARD
İGUANA
CHAMELEON

SNAKE
PYTHON
DINOSAUR
COBRA
FROG

Time: ______________________  INTERMEDIATE 

INSECTS 37

L	R	O	B	C	A	T	E	R	P	I	L	L	A	R
A	C	X	Y	U	B	H	M	E	S	O	U	A	E	G
D	L	R	L	R	T	H	M	J	N	R	T	A	N	K
Y	B	K	I	T	Q	T	P	B	B	N	H	I	G	T
B	E	V	M	C	O	A	E	S	K	F	W	X	B	U
U	L	Y	H	M	K	S	T	R	I	L	N	W	E	Q
G	J	W	U	Y	T	E	Y	N	F	S	O	O	E	R
C	M	O	S	Q	U	I	T	O	F	L	I	R	T	C
G	R	A	S	S	H	O	P	P	E	R	Y	M	L	W
A	W	Z	F	Q	B	F	S	P	I	D	E	R	E	Z

WORDS TO FINDS

BUTTERFLY
BEETLE
ANT
LADYBUG
MOSQUITO
SPIDER
CATERPILLAR
GRASSHOPPER
CRICKET
WORM

Time:  INTERMEDIATE

FLOWERS 38

Z	E	I	X	M	T	L	U	Y	N	A	H	C	H	T
W	P	P	S	I	V	F	V	O	W	A	I	A	T	D
B	D	J	I	R	L	I	I	O	V	K	Y	R	S	L
L	X	U	S	Q	O	L	O	Z	J	I	X	N	A	A
T	W	L	T	Y	E	S	O	L	U	V	N	A	S	V
Y	M	D	N	D	M	O	E	R	E	S	T	T	T	E
K	U	O	N	E	E	M	R	G	C	T	U	I	E	N
B	E	A	E	W	I	S	W	Z	V	H	L	O	R	D
P	D	N	A	R	C	I	S	S	U	S	I	N	S	E
J	K	C	L	X	D	S	Q	P	Y	B	P	D	P	R

WORDS TO FINDS

ROSE	ASTER
TULIP	NARCISSUS
ORCHID	DANDELION
PEONY	LAVENDER
VIOLET	CARNATION

Time: ____________

INTERMEDIATE

TREES 39

D	M	X	S	A	C	P	P	C	E	F	L	L	R	X
S	Z	M	A	P	L	E	Q	H	N	A	D	W	K	B
A	T	D	C	U	C	G	Z	E	D	L	Z	I	L	I
H	M	S	H	Q	V	X	D	J	R	X	L	L	B	R
G	H	R	E	V	P	N	O	A	N	I	P	L	E	C
C	W	N	S	P	I	A	L	M	Q	B	F	O	E	H
H	I	Z	T	L	F	P	L	Z	S	A	S	W	C	D
P	S	Y	N	L	O	Z	N	M	L	K	X	L	H	Z
Z	G	A	U	P	W	B	T	D	A	T	Q	M	B	G
Y	Z	B	T	Q	G	N	T	O	N	H	A	O	U	J

WORDS TO FINDS

OAK
BIRCH
PINE
POPLAR
LINDEN

WILLOW
CHESTNUT
PALM
BEECH
MAPLE

Time: ______________  INTERMEDIATE

LIVING ROOM 40

W	V	B	K	F	K	S	B	S	Y	H	B	R	A	J
Z	R	U	X	M	R	Q	E	E	S	L	A	M	P	E
N	H	D	B	N	D	N	Y	V	Z	T	P	J	C	O
L	B	X	U	F	R	O	E	Z	V	G	F	N	X	C
L	Q	Z	G	R	A	K	F	H	G	Y	O	A	E	W
X	K	X	C	U	P	S	O	F	A	C	G	V	G	S
P	P	B	G	G	E	L	J	P	S	J	C	A	L	I
T	A	F	I	R	E	P	L	A	C	E	W	S	J	H
B	F	P	I	C	T	U	R	E	F	B	G	E	S	Q
F	L	O	O	R	U	J	A	R	M	C	H	A	I	R

WORDS TO FINDS

SOFA	VASE
ARMCHAIR	DRAPE
FLOOR	LAMP
PICTURE	RUG
FIREPLACE	SCONCE

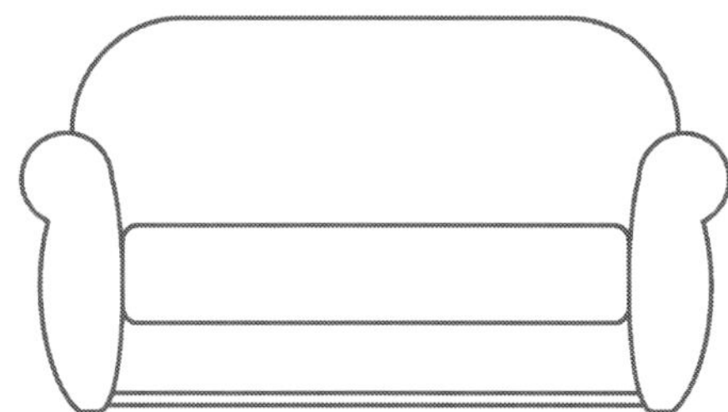

Time: ____________

INTERMEDIATE

BEDROOM 41

V	A	G	M	J	T	M	P	W	C	Q	N	M	X	F
F	S	A	B	E	R	W	M	Q	S	I	K	V	O	Z
D	G	O	K	D	U	V	E	T	A	H	G	P	P	B
L	Y	S	G	O	R	M	A	T	T	R	E	S	S	W
I	A	I	Y	Q	W	E	R	F	N	J	I	E	Z	V
C	C	D	J	O	J	U	S	K	C	V	G	S	T	T
P	N	V	L	R	C	B	M	S	W	C	W	O	V	B
T	B	L	A	N	K	E	T	X	E	Q	M	Z	U	E
N	I	G	H	T	S	T	A	N	D	R	F	C	J	D
P	V	G	C	M	O	I	B	R	V	G	A	C	Z	Z

WORDS TO FINDS

BED
MATTRESS
PILLOW
SHEET
BLANKET
DUVET
NIGHTSTAND
DRESSER
CURTAIN
CASKET

KITCHEN 42

Z	K	Q	G	C	V	O	N	J	A	S	L	M	T	Y
C	M	P	Z	J	T	A	B	L	E	C	L	O	T	H
T	I	Z	F	E	J	T	R	P	J	U	I	C	E	R
W	M	I	C	R	O	W	A	V	E	Z	R	L	U	K
N	J	G	W	F	E	H	E	T	T	X	U	Z	W	O
R	E	F	R	I	G	E	R	A	T	O	R	R	S	C
O	N	L	B	W	S	S	Z	G	W	E	C	W	T	B
T	O	A	S	T	E	R	A	E	O	C	F	T	O	U
D	I	S	H	W	A	S	H	E	R	A	K	T	V	T
O	V	E	N	J	C	U	P	B	O	A	R	D	E	H

WORDS TO FINDS

DISHWASHER	OVEN
CUPBOARD	JUICER
TOASTER	REFRIGERATOR
MICROWAVE	TABLECLOTH
STOVE	FREEZER

Time: ____________________

INTERMEDIATE

TABLEWARE 43

X	U	T	G	P	E	R	F	R	S	J	T	V	Z	I
V	R	I	U	F	F	N	O	U	O	S	J	W	E	D
W	N	Q	B	A	L	Z	R	T	Q	Y	Q	G	U	I
C	T	R	C	B	C	T	K	I	Y	X	T	O	B	V
X	H	C	T	S	A	U	C	E	P	A	N	E	G	L
P	N	H	E	E	Z	D	T	K	K	Z	Z	P	W	G
L	R	P	A	E	X	Q	Y	X	O	U	U	O	N	L
A	E	A	P	B	O	T	T	L	E	C	B	S	O	A
T	K	M	O	M	M	U	Y	I	Z	J	H	H	J	S
E	K	E	T	T	L	E	C	D	T	K	V	C	F	S

WORDS TO FINDS

PLATE
BOWL
CUP
FORK
GLASS
SAUCEPAN
LID
KETTLE
BOTTLE
TEAPOT

BATHROOM 44

Z	K	H	W	A	L	T	A	R	T	O	W	E	L	T
G	J	U	Z	D	E	Z	E	H	T	K	Q	M	P	O
H	Y	V	K	L	W	Y	Q	O	A	J	S	I	L	O
U	U	G	I	X	R	N	M	Q	U	H	I	R	P	T
D	R	O	Z	D	K	B	W	U	T	Y	N	R	K	H
Q	T	C	R	F	W	C	A	A	F	L	K	O	R	B
D	F	I	L	U	Q	D	B	K	X	P	A	R	K	R
U	A	E	I	I	N	W	X	L	A	G	H	B	V	U
H	H	M	B	L	Y	J	C	O	L	X	E	V	I	S
S	J	G	W	F	R	E	S	H	E	N	E	R	P	H

WORDS TO FINDS

TOILET
FRESHENER
TOWEL
HAIR DRYER
SHELF

MIRROR
SINK
BATH
TOOTHBRUSH
SOAP

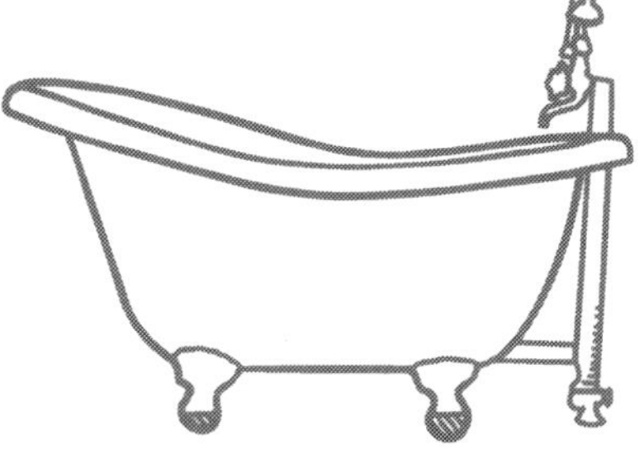

Time: ____________

INTERMEDIATE

FURNITURE 45

I	U	H	X	R	S	Q	F	N	I	X	W	H	N	E
N	T	X	K	M	W	O	V	W	S	Y	A	E	V	C
M	C	F	V	N	K	C	Y	A	C	H	R	S	E	U
U	O	J	V	R	L	H	F	L	S	A	D	N	E	B
X	U	K	I	H	E	S	O	L	M	R	R	M	L	E
V	C	A	T	A	B	L	E	U	S	T	O	O	L	N
B	H	S	H	E	L	V	I	N	G	S	B	W	D	C
C	J	Z	X	A	Y	E	Q	I	T	M	E	J	E	H
F	L	R	E	X	H	V	M	T	W	H	K	M	S	O
W	F	B	O	O	K	C	A	S	E	Z	E	Z	K	S

WORDS TO FINDS

BOOKCASE
TABLE
WALL UNIT
COUCH
CHAIR
DESK
WARDROBE
BENCH
STOOL
SHELVING

Time: ____________________

APPLIANCES 46

K	Z	J	D	W	R	K	U	W	M	O	P	J	Y	G
W	K	H	P	E	G	O	K	K	X	E	H	Y	T	B
N	H	B	T	V	S	E	T	E	R	A	L	N	N	D
X	G	A	H	U	M	I	D	I	F	I	E	R	D	Z
H	E	G	W	O	I	T	F	E	C	A	M	E	R	A
H	O	V	E	N	T	I	L	A	T	O	R	F	R	U
C	M	O	M	U	L	T	I	C	O	O	K	E	R	N
H	Q	T	V	U	Y	J	P	P	E	G	X	Q	O	L
V	H	B	L	E	N	D	E	R	D	I	W	R	T	R
B	I	K	A	R	R	J	W	A	M	N	I	H	C	R

WORDS TO FINDS

VENTILATOR	TV SET
CAMERA	HOOVER
MIXER	HUMIDIFIER
IRON	HEATER
BLENDER	MULTICOOKER

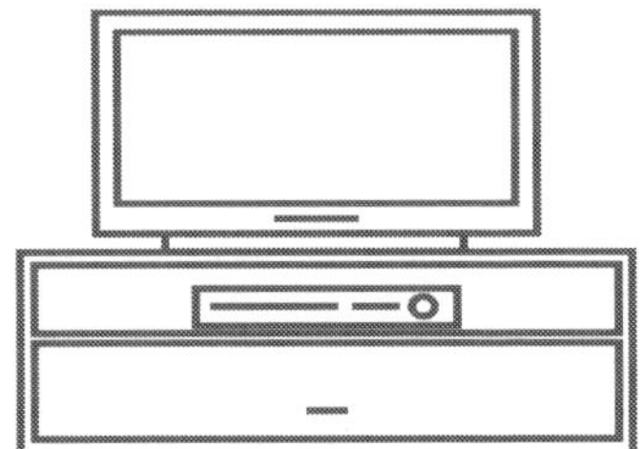

Time: ____________  INTERMEDIATE

WEATHER 47

K	Q	U	X	N	D	T	T	V	Y	N	X	Y	A	C
R	F	Z	U	U	L	I	G	H	T	N	I	N	G	K
C	D	A	O	V	V	K	C	D	G	G	A	F	E	M
V	N	L	E	H	A	G	X	K	Z	M	Y	S	R	R
Z	C	C	C	I	L	T	O	R	N	A	D	O	W	A
T	E	M	P	E	R	A	T	U	R	E	T	Y	I	I
Z	B	I	K	B	V	B	I	X	Y	S	Y	K	N	N
I	T	I	Y	Q	F	E	K	Z	N	N	P	M	D	G
J	F	T	D	W	C	M	V	B	M	O	D	Y	O	K
R	F	J	F	I	M	D	J	R	W	W	K	F	P	J

WORDS TO FINDS

RAIN	FOG
CLOUD	TORNADO
TEMPERATURE	STORM
ICE	LIGHTNING
SNOW	WIND

NATURE 48

T	S	M	E	W	Q	V	L	G	X	R	O	B	R	J
Q	H	X	B	E	T	I	C	A	N	Y	O	N	R	N
X	S	S	D	R	F	B	X	O	T	P	K	G	I	C
F	R	B	E	F	E	O	B	M	C	E	L	A	P	Z
N	C	S	Y	N	X	T	P	E	L	E	T	A	V	Z
K	E	J	I	X	S	U	M	G	A	N	A	I	I	I
D	W	U	X	E	K	Z	N	D	U	C	W	N	H	N
A	H	T	R	E	H	U	P	O	V	P	H	I	I	K
E	W	O	K	Y	J	A	M	E	K	R	I	V	E	R
W	F	G	M	R	I	Q	Z	G	L	A	C	I	E	R

WORDS TO FINDS

BEACH	JUNGLE
DESERT	MOUNTAIN
GLACIER	PLAIN
FOREST	OCEAN
CANYON	RIVER

TRANSPORT 49

T	K	D	R	P	C	L	Z	R	K	I	U	Y	X	H
P	D	A	A	T	R	A	I	N	X	G	T	A	V	E
M	C	B	G	I	W	B	O	A	T	Q	G	C	J	L
H	U	N	W	B	R	G	T	I	M	V	R	H	S	I
B	P	U	Q	I	H	P	K	F	K	G	I	T	F	C
Y	X	P	W	C	X	R	L	L	D	C	S	G	E	O
P	P	R	H	Y	Y	W	A	A	A	O	S	H	I	P
J	P	M	B	C	M	B	H	S	N	A	E	C	N	T
A	M	B	U	L	A	N	C	E	Z	E	J	T	D	E
T	D	J	A	E	Q	Z	P	T	J	F	C	Q	Z	R

WORDS TO FINDS

AIRPLANE
BICYCLE
YACHT
CAR
HELICOPTER
SHIP
AMBULANCE
TAXI
BOAT
TRAIN

Time: ____________

INTERMEDIATE

CONSTRUCTION 50

K	X	A	M	H	R	R	S	F	H	Z	K	V	O	C
B	U	L	L	D	O	Z	E	R	R	C	R	M	Z	E
D	Y	S	H	T	T	K	N	E	U	E	Y	K	E	X
H	F	J	C	F	K	V	D	R	L	R	W	O	P	C
A	Y	A	T	K	F	A	T	L	V	X	E	U	J	A
A	R	L	Y	N	R	F	O	R	K	L	I	F	T	V
T	H	Q	I	G	N	R	E	S	Y	G	I	U	G	A
T	E	L	E	H	A	N	D	L	E	R	C	S	D	T
B	A	C	K	H	O	E	L	O	A	D	E	R	G	O
O	G	F	K	W	J	C	R	A	N	E	G	U	G	R

WORDS TO FINDS

BULLDOZER
FORKLIFT
GRADER
ROLLER
CRANE
TELEHANDLER
TRUCK
TRACTOR
EXCAVATOR
BACKHOE LOADER

Time:  INTERMEDIATE

PROFESSIONS 51

Y	V	P	C	B	E	Q	F	V	C	O	F	V	O	V
D	H	A	F	I	R	E	F	I	G	H	T	E	R	L
I	D	I	H	W	E	V	N	L	P	I	L	O	T	B
J	E	N	T	I	S	A	Q	D	P	T	A	K	E	A
X	N	T	P	Y	H	C	O	S	R	K	R	Y	A	C
T	T	E	C	C	U	X	B	O	I	O	Q	R	C	A
E	I	R	E	H	Z	C	T	H	I	N	V	X	H	K
S	S	M	X	I	E	C	Q	R	H	C	Q	D	E	W
H	T	E	Y	U	A	F	D	O	C	T	O	R	R	U
A	R	C	H	I	T	E	C	T	J	Q	J	T	B	K

WORDS TO FINDS

ACTOR
ARCHITECT
CHEF
DENTIST
DOCTOR
PILOT
FIREFIGHTER
PAINTER
TEACHER
MECHANIC

Time: ____________

SCHOOL SUBJECTS 52

C	J	N	X	H	M	G	E	O	G	R	A	P	H	Y
H	A	S	A	I	L	P	G	J	H	N	S	C	U	Y
E	R	A	R	L	K	H	O	E	E	E	X	F	F	P
M	C	L	T	F	Z	Y	W	J	S	J	Z	X	Q	M
I	H	G	I	F	W	S	R	E	A	D	I	N	G	Q
S	E	E	M	N	L	I	T	E	R	A	T	U	R	E
T	B	B	U	N	F	C	Y	Z	F	E	I	P	Z	L
R	N	R	S	P	O	S	V	H	I	S	T	O	R	Y
Y	P	A	I	M	A	T	H	E	M	A	T	I	C	S
M	K	L	C	Y	S	Z	C	X	G	K	X	W	N	N

WORDS TO FINDS

ALGEBRA	MATHEMATICS
CHEMISTRY	LITERATURE
ART	READING
GEOGRAPHY	MUSIC
HISTORY	PHYSICS

Time: ______________

INTERMEDIATE

STATIONERY 53

X	L	D	M	X	L	M	U	I	L	Z	B	J	E	G
C	M	D	S	I	B	Z	T	H	Q	W	B	J	F	J
A	M	X	C	T	R	W	C	J	F	B	P	D	G	Y
O	C	N	Y	E	A	Y	S	V	A	J	A	X	S	M
P	E	X	K	W	R	P	P	U	S	H	P	I	N	G
P	B	R	E	N	V	E	L	O	P	E	E	E	O	G
G	A	S	I	M	Y	J	I	E	F	P	R	Z	B	L
M	J	L	H	U	P	A	P	E	R	C	L	I	P	U
S	E	W	T	I	W	I	Q	E	R	A	S	E	R	E
S	C	I	S	S	O	R	S	W	T	H	A	T	J	H

WORDS TO FINDS

- PAPER CLIP
- PAPER
- PUSHPIN
- STAPLER
- SCISSORS
- PENCIL
- ERASER
- MARKER
- GLUE
- ENVELOPE

Time:

INTERMEDIATE

TITLE 54

C	N	P	F	E	D	R	K	J	T	T	F	H	G	V
B	Q	I	Z	T	O	L	E	N	N	L	S	N	M	Z
N	A	Q	U	R	I	C	C	U	I	E	V	K	W	M
X	G	R	E	H	N	C	O	D	O	G	E	G	E	W
F	D	P	O	I	Q	C	T	R	X	G	H	A	Y	M
H	M	W	R	N	S	U	Q	F	C	C	G	T	R	A
E	B	P	Y	I	E	P	E	M	P	N	K	Y	T	L
Y	E	R	V	O	L	S	Y	E	I	D	U	K	E	V
B	M	J	K	R	X	R	S	K	N	L	D	L	B	O
M	A	R	C	H	I	O	N	E	S	S	H	M	M	D

WORDS TO FINDS

KING
QUEEN
PRINCE
DUKE
MARCHIONESS
EARL
VISCOUNT
BARONESS
EMPEROR
KNIGHT

MOBILE PHONE 55

S G Y M W O F R I S G C C Z Z
Q A A W I J H H G O U F U I C
K K M R D X I A O M I X R U W
F E J S E C F P R O V E R T U
D V T H U D Y T H H F C U F T
G Q A K U N M G S O P P O R M
I N L Z E A G I A N N L B U U
N O K I A A W V T O R E K U J
G H X A L K K E O R J P P L I
M O T O R O L A I A U J O C Y

WORDS TO FINDS

IPHONE
SAMSUNG
NOKIA
REDMI
OPPO
MOTOROLA
HUAWEI
XIAOMI
HONOR
VERTU

Time:  

INTERMEDIATE

DESSERT 56

L	D	C	M	A	R	S	H	M	A	L	L	O	W	M
L	O	M	A	J	H	S	H	N	D	Y	X	J	J	A
N	U	L	Y	K	E	F	Q	M	K	C	S	C	P	R
V	Q	F	L	I	E	S	W	U	K	X	E	Y	C	M
P	D	O	K	I	U	C	Y	F	A	A	D	N	F	A
Y	V	O	J	Q	P	W	X	F	U	S	G	U	A	L
E	O	G	A	A	B	O	N	I	R	N	T	K	S	A
C	V	E	M	I	T	Y	P	N	N	C	Z	Y	J	D
E	D	O	N	U	T	X	C	A	N	D	Y	C	L	E
P	H	P	R	O	B	C	H	O	C	O	L	A	T	E

WORDS TO FINDS

CAKE	DONUT
COOKIES	JAM
MUFFIN	LOLLIPOP
CHOCOLATE	MARMALADE
CANDY	MARSHMALLOW

Time: ____________________

SPICES 57

H	O	B	R	K	C	R	S	A	F	F	R	O	N	C
C	K	Q	R	C	B	X	L	X	U	Q	M	E	R	I
N	I	P	T	X	A	V	A	C	L	K	I	M	O	L
F	X	N	A	H	N	R	C	P	J	I	N	W	S	A
V	J	K	N	P	Y	U	D	K	U	T	T	L	E	N
K	J	C	G	A	R	M	Y	A	O	V	C	A	M	T
Y	H	O	D	Y	M	I	E	I	M	K	T	N	A	R
Y	W	B	E	A	H	O	K	C	L	O	V	E	R	O
X	S	H	Z	C	W	M	N	A	G	F	M	K	Y	D
H	T	T	U	R	M	E	R	I	C	L	N	Y	E	C

WORDS TO FINDS

PAPRIKA
SAFFRON
MINT
THYME
ROSEMARY

CILANTRO
CLOVE
CINNAMON
CARDAMOM
TURMERIC

Time: ____________________

HOBBIES 58

P	X	N	H	G	Q	B	Q	V	G	K	F	P	I	B
H	A	Z	Y	I	F	Q	I	N	T	G	I	D	P	E
S	K	I	U	L	K	C	I	U	U	B	S	A	X	L
E	J	X	N	J	P	I	C	S	L	G	H	N	S	C
W	H	D	W	T	K	X	N	Y	C	Z	I	C	I	O
I	K	X	S	S	I	G	R	G	C	E	N	I	N	O
N	T	S	E	X	K	N	P	N	Y	L	G	N	G	K
G	M	R	I	N	P	I	G	Y	R	D	I	G	I	I
Y	T	R	A	V	E	L	L	I	N	G	A	N	N	N
T	P	J	O	F	P	N	I	T	X	K	C	A	G	G

WORDS TO FINDS

DANCING	CYCLING
SINGING	PAINTING
TRAVELLING	COOKING
SEWING	FISHING
HIKING	SKIING

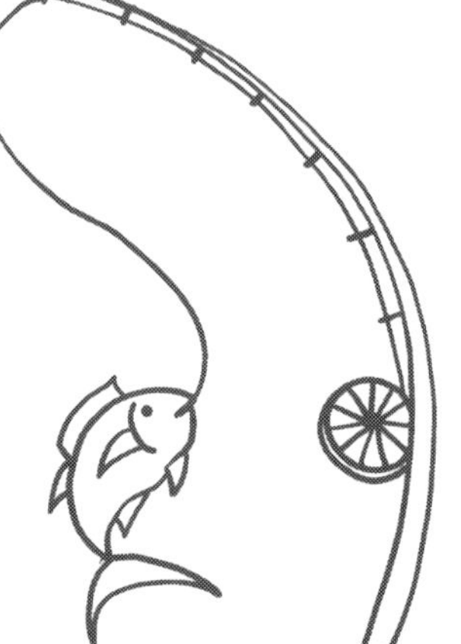

Time: ____________

SHOPPING 59

S	Y	T	C	E	X	R	K	S	T	Z	X	D	W	O
Q	D	B	Y	E	E	R	R	K	A	N	H	F	Q	K
W	A	P	N	I	A	E	H	E	D	E	L	O	C	M
S	V	V	H	Q	M	S	Z	T	D	G	S	O	E	O
V	W	S	E	O	A	I	I	O	G	W	O	D	O	N
W	A	B	T	C	S	J	C	U	Q	O	S	S	F	E
C	P	S	U	P	E	R	M	A	R	K	E	T	I	Y
T	U	E	S	C	A	L	A	T	O	R	U	U	L	S
C	C	K	W	B	X	U	P	F	F	A	I	F	P	H
S	H	O	P	A	H	O	L	I	C	N	J	F	R	A

WORDS TO FINDS

FOODSTUFF
SUPERMARKET
SHOPAHOLIC
MONEY
CUSTOMER
CASHIER
SIZE
BARCODE
ESCALATOR
CASH

Time: ____________  INTERMEDIATE

CAMPING 60

L	D	K	J	Y	E	L	E	H	O	T	C	M	M	B
Y	E	C	Q	V	S	O	C	K	N	R	W	D	J	A
B	Y	E	S	M	N	P	C	E	F	C	T	Y	Q	U
Q	N	O	K	A	M	A	T	C	H	E	S	Y	W	C
O	X	X	C	P	S	H	C	Z	T	B	K	W	R	O
L	Q	E	S	K	C	R	X	L	F	T	T	U	K	M
K	S	P	C	R	E	Q	U	I	P	M	E	N	T	P
D	Q	U	O	C	A	M	P	F	I	R	E	C	F	A
G	R	T	N	Z	A	F	F	L	E	R	G	U	B	S
F	K	A	S	L	E	E	P	I	N	G	B	A	G	S

WORDS TO FINDS

EQUIPMENT	SLEEPING BAG
TENT	MAP
TORCH	COMPASS
MATCHES	RUCKSACK
CAMPFIRE	CANOE

Time: ____________

VALENTINE 'S DAY 61

A	K	V	B	S	H	T	T	Z	I	R	H	Y	U	A
C	B	P	P	Q	E	R	M	O	K	M	L	O	U	S
D	A	O	P	U	A	R	O	M	A	N	T	I	C	Q
T	U	C	Q	E	V	A	L	E	N	T	I	N	E	D
V	U	U	H	X	A	K	L	R	Z	H	O	L	E	X
H	O	K	U	Q	R	K	O	J	N	G	G	B	D	C
B	B	V	G	E	R	V	V	M	P	Y	C	A	Z	U
Z	R	X	S	R	O	B	E	R	I	L	A	E	O	P
K	H	S	J	E	W	E	L	L	E	R	Y	B	K	I
C	H	O	C	O	L	A	T	E	B	S	Q	I	M	D

WORDS TO FINDS

ARROW
CHOCOLATE
CUPID
HEART
HUG
BOUQUET
LOVE
JEWELLERY
VALENTINE
ROMANTIC

Time: ______________  INTERMEDIATE

HAPPY EASTER! 62

E	A	S	T	E	R	B	U	N	N	Y	U	E	P	R
Z	B	E	O	B	B	U	X	B	P	J	G	A	R	E
R	E	S	U	R	R	E	C	T	I	O	N	S	J	L
S	Z	R	Z	K	T	H	C	G	F	P	E	T	E	I
P	H	S	C	J	T	H	B	A	T	B	Z	E	A	G
P	B	S	B	C	G	T	O	I	W	U	L	R	Y	I
A	H	G	U	R	T	L	B	D	B	H	Y	E	P	O
O	D	F	T	Y	L	E	N	T	O	L	C	G	S	U
O	B	S	E	R	V	A	N	C	E	X	E	G	R	S
J	E	S	U	S	C	H	R	I	S	T	O	S	M	O

WORDS TO FINDS

EASTER EGGS	BIBLE
BLESS	OBSERVANCE
RELIGIOUS	LENT
RESURRECTION	ORTHODOX
EASTER BUNNY	JESUS CHRIST

Time: ____________________

STATES OF AMERICA 63

```
X A H C K L O U I S I A N A W
J P E N N S Y L V A N I A M A
X Q Z J G Y K L D F S C K V S
Q Q C A T R R I R A S O V F H
E H B Y O E R Z S H Z L O I I
L S Z Y U O X N F A X O Y O N
W S W M L B A A N W Y R I C G
X E U F X K Z R S A A A M K T
N C A L I F O R N I A D G B O
D X J G P W L F B I M O N L N
```

WORDS TO FINDS

CALIFORNIA	PENNSYLVANIA
FLORIDA	TEXAS
HAWAII	WASHINGTON
COLORADO	KANSAS
NEW YORK	LOUISIANA

Time: ____________  INTERMEDIATE

SPORT 64

F	E	Q	U	E	S	T	R	I	A	N	B	U	B	K
O	B	Q	M	H	C	F	Y	D	B	C	I	E	O	Z
O	L	B	A	S	K	E	T	B	A	L	L	Q	P	Y
T	U	S	M	U	K	L	E	Y	D	B	L	U	Y	J
B	T	S	R	C	R	M	H	M	M	O	I	U	J	U
A	R	E	O	F	R	P	K	C	I	W	A	G	A	W
L	D	H	N	C	L	I	L	Y	N	L	R	D	C	F
L	H	N	C	N	A	B	D	U	T	I	D	K	L	O
R	U	G	B	Y	I	X	E	Q	O	N	S	O	C	B
L	R	Y	W	W	Z	S	R	H	N	G	G	C	G	Y

WORDS TO FINDS

FOOTBALL	GOLF
HOCKEY	BILLIARDS
BADMINTON	BOWLING
TENNIS	EQUESTRIAN
RUGBY	BASKETBALL

Time: ____________

INTERMEDIATE

FOOTBALL PLAYERS 65

R	O	N	A	L	D	O	K	C	R	U	I	W	A	I
Y	O	Q	U	L	W	T	J	R	R	H	H	N	P	U
U	B	K	E	D	L	B	I	M	O	A	O	B	X	U
U	Z	K	S	L	Y	Q	C	E	U	D	C	J	D	R
B	E	C	K	H	A	M	E	H	A	O	N	V	A	S
F	P	H	P	E	Z	W	A	R	S	Z	P	M	I	A
R	Q	E	E	O	U	A	A	K	B	S	Y	S	M	L
W	Q	F	L	K	D	M	Q	A	A	E	S	M	D	A
R	O	O	N	E	Y	G	V	N	N	E	S	T	U	H
B	U	F	F	O	N	A	Z	E	M	H	M	H	W	S

WORDS TO FINDS

PELE
MARADONA
BECKHAM
RONALDO
MESSI
BUFFON
SALAH
NEYMAR
KANE
ROONEY

Time: ____________  INTERMEDIATE

FOOTBALL 66

R	O	N	A	L	D	O	K	C	R	U	I	W	A	I
Y	O	Q	U	L	W	T	J	R	R	H	H	N	P	U
U	B	K	E	D	L	B	I	M	O	A	O	B	X	U
U	Z	K	S	L	Y	Q	C	E	U	D	C	J	D	R
B	E	C	K	H	A	M	E	H	A	O	N	V	A	S
F	P	H	P	E	Z	W	A	R	S	Z	P	M	I	A
R	Q	E	E	O	U	A	A	K	B	S	Y	S	M	L
W	Q	F	L	K	D	M	Q	A	A	E	S	M	D	A
R	O	O	N	E	Y	G	V	N	N	E	S	T	U	H
B	U	F	F	O	N	A	Z	E	M	H	M	H	W	S

WORDS TO FINDS

STADIUM	GOALKEEPER
OFFSIDE	DEFENDER
FAN	MATCH
REFEREE	TEAM
COACH	PENALTY

Time: ____________  

SPORT EQUIPMENT 67

N	G	L	F	V	S	L	A	K	I	W	J	S	K	Y
Z	J	A	K	V	L	X	M	C	Q	D	U	S	S	L
F	I	T	N	E	S	S	B	A	L	L	M	U	T	Y
D	T	T	B	D	S	A	J	T	H	E	P	A	O	O
Z	T	R	E	A	D	M	I	L	L	O	R	A	P	G
A	A	U	P	Q	S	Y	R	Q	I	K	O	W	W	A
B	W	D	W	F	N	U	S	A	I	J	P	P	A	M
P	U	N	C	H	I	N	G	B	A	G	E	O	T	A
D	U	M	B	B	E	L	L	S	F	K	X	A	C	T
E	X	E	R	C	I	S	E	B	I	K	E	M	H	S

WORDS TO FINDS

TREADMILL	EXERCISE BIKE
JUMP ROPE	STOPWATCH
HOOP	BARBELL
DUMBBELLS	YOGA MAT
PUNCHING BAG	FITNESS BALL

Time:  INTERMEDIATE

OCEANS AND SEAS 68

A	Z	D	A	R	C	T	I	C	A	I	I	B	C	H
K	T	M	E	D	I	T	E	R	R	A	N	E	A	N
X	U	L	V	P	U	J	E	O	A	L	O	L	R	B
L	P	I	A	S	I	O	P	Q	B	Q	P	Q	I	P
B	E	J	N	N	V	I	N	D	I	A	N	P	B	A
A	B	L	R	O	T	Z	H	J	A	N	C	K	B	C
L	S	L	W	Z	R	I	Q	Z	N	S	T	N	E	I
T	B	C	A	L	O	T	C	M	N	B	N	L	A	F
I	J	B	X	C	O	M	H	D	P	P	F	M	N	I
C	L	M	N	G	K	S	C	T	M	U	V	Q	A	C

WORDS TO FINDS

PACIFIC
ATLANTIC
INDIAN
ARCTIC
NORTH

CARIBBEAN
BALTIC
BLACK
ARABIAN
MEDITERRANEAN

Time: ______________

ADVANCED

CINEMA 69

C	M	G	N	N	S	Z	P	L	O	T	X	V	M	P
H	Q	D	Y	Z	Y	Z	R	D	P	O	J	V	R	Q
A	K	M	R	T	Z	O	D	U	F	D	W	N	Z	I
R	V	L	S	S	T	Q	D	I	E	P	C	G	K	W
A	N	A	E	C	C	A	M	E	R	A	M	A	N	O
C	C	B	A	C	K	S	T	A	G	E	N	W	K	E
T	E	S	U	B	R	Y	Y	U	J	N	C	T	Z	H
E	S	C	R	E	E	N	P	L	A	Y	E	T	P	L
R	M	O	D	X	S	S	Y	E	U	S	P	C	O	I
A	N	I	M	A	T	O	R	Z	H	F	F	S	B	R

WORDS TO FINDS

ANIMATOR
BACKSTAGE
CAMERAMAN
SCREENPLAY
CHARACTER
SET
CAST
DIRECTOR
PLOT
ACTOR

Time: ______________

ADVANCED

MOVIE GENRES 70

H	U	C	I	E	O	X	N	C	R	M	D	Y	A	R
T	O	P	G	T	K	R	A	C	L	N	S	M	E	A
L	A	R	V	Z	E	G	V	R	O	A	A	L	K	C
Z	K	H	R	T	W	N	R	O	T	R	L	P	H	T
K	R	C	S	O	S	V	T	N	D	I	Y	W	C	I
S	M	E	R	C	R	R	A	R	R	D	D	R	O	O
Z	W	B	Y	J	A	F	S	H	Z	T	P	Z	M	N
M	U	S	I	C	A	L	T	V	K	T	W	Q	E	O
P	I	G	Q	M	E	B	U	T	K	E	O	D	D	A
Q	L	E	D	O	C	U	M	E	N	T	A	R	Y	V

WORDS TO FINDS

COMEDY
DOCUMENTARY
DRAMA
FANTASY
HORROR
THRILLER
MUSICAL
CARTOON
WESTERN
ACTION

Time: ____________________

ADVANCED

COMPUTER 71

M	G	S	L	O	Y	S	R	K	V	Z	Z	Y	D	G
S	F	Z	Z	X	G	E	U	B	O	N	Z	U	E	M
R	E	K	I	F	S	O	L	I	N	K	Q	C	P	E
C	D	F	G	U	J	K	E	Y	B	O	A	R	D	M
L	D	I	S	P	L	A	Y	P	H	F	N	A	F	O
A	N	L	L	U	X	H	J	B	R	O	W	S	E	R
P	M	O	N	I	T	O	R	E	B	Q	W	S	H	Y
T	T	Y	M	P	H	O	T	O	C	O	P	I	E	R
O	V	W	R	I	T	N	U	K	Q	T	U	X	L	Z
P	K	Q	F	L	İ	D	X	L	E	B	T	M	K	F

WORDS TO FINDS

BROWSER
PHOTOCOPIER
USER
DISPLAY
MEMORY
İNTERFACE
KEYBOARD
LAPTOP
LINK
MONITOR

Time:  ADVANCED 

AUTOMOBILE 72

E	P	F	Z	T	B	A	F	L	O	V	B	I	C	P
E	R	B	O	Z	N	S	E	J	U	C	A	B	I	N
O	M	O	U	F	I	E	B	N	R	G	Q	B	Y	P
R	B	E	Z	M	H	B	R	B	G	V	S	E	S	P
R	M	K	X	W	P	L	G	U	K	I	D	U	N	E
N	Q	G	Y	F	Z	E	Z	D	I	Y	N	N	G	T
U	J	A	P	L	B	B	R	A	K	E	L	E	B	R
A	C	C	U	M	U	L	A	T	O	R	E	O	M	O
S	N	H	O	S	K	S	T	R	A	I	L	E	R	L
D	I	E	S	E	L	V	I	J	X	L	T	H	Z	B

WORDS TO FINDS

BUMPER	WHEEL
ACCUMULATOR	TRAILER
BOOT	DIESEL
BRAKE	ENGINE
CABIN	PETROL

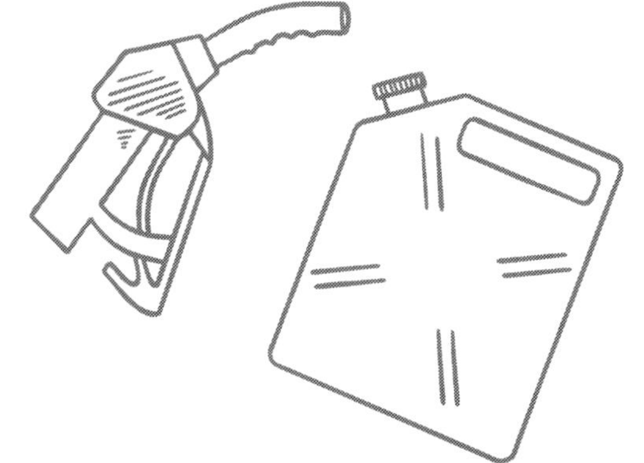

Time: ____________ ADVANCED

SOLAR SYSTEM 73

C	K	X	Y	D	C	G	J	L	L	G	U	W	G	S
I	K	T	F	O	K	H	U	X	Q	M	R	V	H	I
U	S	A	V	Y	N	W	P	O	B	E	A	F	A	N
I	O	D	E	R	N	Y	I	P	J	R	N	Z	P	A
X	N	R	U	U	K	U	T	R	L	C	U	O	N	X
U	J	T	S	V	E	G	E	U	R	U	S	D	X	L
M	A	P	K	E	A	B	R	E	A	R	T	H	E	R
S	A	D	Y	N	M	Z	C	D	A	Y	Q	O	S	A
I	D	R	M	U	U	V	T	K	S	O	G	R	C	V
X	P	D	S	S	N	E	P	T	U	N	E	E	I	Y

WORDS TO FINDS

MERCURY
VENUS
EARTH
MARS
JUPITER

SATURN
URANUS
NEPTUNE
PLUTO
SUN

Time:  ADVANCED 

CONSTELLATION 74

C	G	B	B	Y	P	S	T	M	H	M	C	G	X	J
Q	M	A	V	P	E	Y	J	S	C	O	R	P	I	O
L	J	Z	Q	C	S	A	L	C	B	V	O	Y	W	O
R	T	F	S	U	G	E	M	I	N	I	I	V	D	K
U	M	I	R	L	A	C	C	A	N	C	E	R	S	A
B	P	U	L	I	B	R	A	C	O	W	A	H	G	C
D	A	F	K	N	G	L	I	C	S	C	X	L	V	O
T	I	R	F	X	F	E	U	U	O	X	C	F	Q	Y
C	P	Y	G	J	B	O	Y	J	S	A	R	I	E	S
O	C	C	T	Y	I	N	F	Q	T	A	P	M	C	S

WORDS TO FINDS

ARIES
TAURUS
GEMINI
CANCER
LEO

VIRGO
LIBRA
SCORPIO
AQUARIUS
PISCES

Time:  ADVANCED 

GRAMMAR 75

L	P	T	B	S	I	O	W	R	B	B	Q	U	T	X
I	R	V	E	R	B	N	O	X	I	E	H	I	U	Y
N	O	A	E	X	T	M	F	P	X	P	S	T	G	C
G	N	I	M	O	E	I	D	I	G	D	E	N	B	G
U	O	D	A	R	N	Y	I	V	N	C	F	R	R	E
I	U	I	H	D	S	M	A	V	N	I	E	M	K	R
S	N	X	D	C	E	X	L	O	H	V	T	L	Q	U
T	F	F	G	I	J	T	E	F	D	Q	W	I	O	N
D	K	X	G	W	O	Z	C	A	J	H	W	E	V	D
F	I	Q	Y	U	O	M	T	A	R	T	I	C	L	E

WORDS TO FINDS

ARTICLE
TENSE
GERUND
VERB
DIALECT
IDIOM
INFINITIVE
LINGUIST
PRONOUN
ADVERB

Time: ______________ ADVANCED

GRAIN CROPS 76

E	R	E	M	Y	L	Q	P	N	T	A	Z	L	U	H
V	W	M	K	C	U	G	R	A	N	A	R	Y	U	C
G	X	H	I	B	C	B	T	Y	Y	G	H	T	J	K
D	S	S	A	P	A	A	H	I	E	E	O	T	S	A
E	E	L	A	R	E	R	C	T	C	Z	H	A	S	K
Y	E	X	O	H	V	V	L	I	R	I	P	Z	T	W
D	D	V	W	I	A	E	R	E	C	Y	J	Z	R	S
N	J	Z	B	E	R	P	S	O	Y	Q	M	H	C	X
B	U	C	K	W	H	E	A	T	B	M	Y	X	K	D
P	L	O	U	G	H	M	A	N	Y	V	J	R	D	Y

WORDS TO FINDS

WHEAT	HARVEST
BARLEY	GRANARY
OATS	SEED
RYE	BUCKWHEAT
RICE	PLOUGHMAN

Time: ______________ ADVANCED

HYGIENE 77

M	X	J	N	V	J	S	S	E	Y	J	E	T	T	N
O	C	N	D	X	M	C	R	B	D	R	Q	O	W	P
U	I	D	D	Y	O	I	N	A	K	I	E	O	E	S
T	H	P	R	P	N	S	E	B	Z	V	G	T	E	H
H	A	P	O	Q	T	S	M	W	E	O	N	H	Z	A
W	H	E	U	H	F	O	F	J	U	A	R	B	E	M
A	O	S	K	Y	C	R	W	O	V	I	Q	R	R	P
S	Y	P	O	F	W	S	O	E	E	N	B	U	S	O
H	B	M	I	A	P	K	O	G	L	B	T	S	R	O
T	O	O	T	H	P	A	S	T	E	G	K	H	S	I

WORDS TO FINDS

TOOTHBRUSH	SHAMPOO
SOAP	TOWEL
COMB	TOOTHPASTE
RAZOR	SCISSORS
TWEEZERS	MOUTHWASH

Time: ____________

ADVANCED

ILLNESS 78

R	Z	S	A	T	A	N	Z	E	V	J	S	U	S	B
N	N	O	I	O	S	D	N	Q	I	J	Z	I	N	R
H	W	A	L	O	P	C	A	G	K	U	D	R	E	O
A	F	S	M	T	N	E	H	L	Q	P	M	D	E	N
H	W	T	E	H	F	G	G	U	L	P	I	P	Z	C
R	Y	H	N	A	I	U	F	G	R	E	C	C	E	H
M	K	M	T	C	O	U	G	H	E	H	R	N	P	I
T	X	A	O	H	A	P	V	S	A	R	N	G	Q	T
N	H	T	H	E	A	D	A	C	H	E	P	B	Y	I
C	A	N	C	E	R	C	Z	P	F	E	V	E	R	S

WORDS TO FINDS

AILMENT
TOOTHACHE
COUGH
SNEEZE
CANCER
HEADACHE
FEVER
ALLERGY
BRONCHITIS
ASTHMA

Time: ______ ADVANCED

MEDICINE 79

O	H	V	G	C	R	U	T	C	H	B	P	A	B	I
O	I	P	R	E	S	C	R	I	P	T	I	O	N	N
R	P	N	H	J	M	Z	C	S	K	L	Q	A	I	J
C	T	E	T	R	X	E	Z	Z	L	Q	F	I	V	E
V	R	J	R	M	G	H	M	I	X	T	U	R	E	C
Q	N	Q	M	A	E	C	P	L	A	S	T	E	R	T
H	U	G	D	G	T	N	V	O	U	Y	J	P	B	I
H	T	N	A	L	M	I	T	G	Q	Z	C	Y	M	O
Z	A	T	H	E	R	M	O	M	E	T	E	R	U	N
B	K	F	X	A	L	Z	V	N	J	R	I	B	B	S

WORDS TO FINDS

OINTMENT	BANDAGE
CRUTCH	PILL
MIXTURE	PRESCRIPTION
THERMOMETER	INJECTION
PLASTER	OPERATION

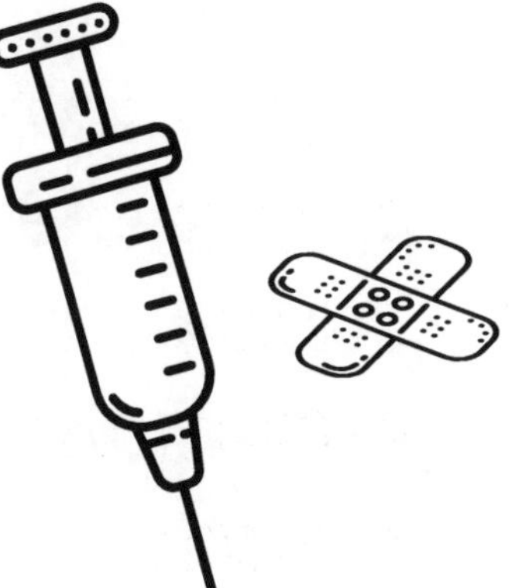

Time: ____________________  ADVANCED

DINOSAURS 80

Z	P	T	E	R	A	N	O	D	O	N	S	I	B	D
P	H	E	R	G	O	A	E	L	T	Z	F	L	A	I
T	R	I	C	E	R	A	T	O	P	S	Z	Y	R	P
Y	Y	G	W	K	X	K	P	S	M	Z	W	D	O	L
Y	B	C	E	R	A	T	O	S	A	U	R	U	S	O
T	O	R	V	O	S	A	U	R	U	S	B	J	A	D
G	A	L	L	I	M	I	M	U	S	I	I	N	U	O
W	M	Y	N	R	W	H	C	M	I	N	A	W	R	C
D	E	I	N	O	N	Y	C	H	U	S	U	Q	U	U
E	O	R	A	P	T	O	R	X	F	H	Q	V	S	S

WORDS TO FINDS

GALLIMIMUS
CERATOSAURUS
TRICERATOPS
PTERANODON
T-REX
TORVOSAURUS
EORAPTOR
BAROSAURUS
DIPLODOCUS
DEINONYCHUS

Time: ____________  ADVANCED 

ARCHAEOLOGY 81

R X L K E X H I B I T A P T R
B E Q M G D U V U O H S C R E
L Y S C P W Q H N T V G O E E
O J O E G S A S T A T U E A K
T O M B A N C I E N T R N S Y
Q L C T F R M A U S O L E U M
C Y F T L C C V P S K B P R G
C E N T U R Y H U M U G X E R
Z O J A R C H E O L O G I S T
R E C O N S T R U C T I O N E

WORDS TO FINDS

ARCHEOLOGIST	MAUSOLEUM
CENTURY	TREASURE
TOMB	STATUE
ANCIENT	EXHIBIT
RESEARCH	RECONSTRUCTION

ANATOMY 82

F	Y	J	D	N	E	Q	C	P	B	B	K	F	R	T
J	N	U	E	N	B	P	I	W	J	Z	P	Q	O	Y
U	N	R	O	A	E	L	Y	U	L	I	V	E	R	T
P	L	B	E	L	Z	N	O	C	S	J	A	L	R	K
X	F	M	H	T	V	J	Y	O	P	G	G	A	Q	A
B	A	Q	U	S	Z	E	G	N	D	S	E	N	Y	C
R	C	J	G	S	N	A	Q	Z	I	H	B	Y	Z	J
A	Y	L	J	D	C	J	Y	K	M	J	L	U	N	G
I	H	V	I	A	X	L	S	T	O	M	A	C	H	K
N	B	K	J	I	W	H	E	A	F	M	B	A	O	H

WORDS TO FINDS

BLOOD
BONE
STOMACH
BRAIN
LUNG
MUSCLE
HEART
JAW
KIDNEY
LIVER

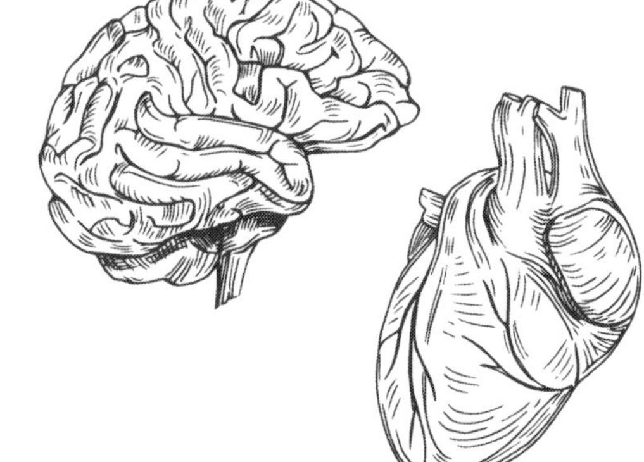

 Time: ____________  ADVANCED 

CLOTHING ACCESSORIES 83

V	C	C	Q	B	F	M	W	W	X	M	M	E	A	T
D	N	U	O	K	T	F	O	X	G	O	D	F	Y	E
N	I	M	F	E	D	J	B	S	K	P	B	G	C	A
I	M	P	L	F	C	L	C	H	U	G	R	G	K	R
N	K	L	S	Z	L	C	V	E	S	L	A	J	E	R
S	A	B	C	G	F	I	U	E	H	A	C	R	Y	I
W	A	T	C	H	M	B	N	R	Z	S	E	I	R	N
L	S	F	R	L	Z	V	Q	K	H	S	L	N	I	G
H	A	N	D	B	A	G	H	L	S	E	E	G	N	S
N	E	C	K	L	A	C	E	D	Q	S	T	X	G	D

WORDS TO FINDS

BRACELET
CUFFLINKS
EARRINGS
GLASSES
HANDBAG
NECKLACE
RING
WATCH
WALLET
KEYRING

Time:  ADVANCED 

TYPES OF FABRICS 84

W	I	D	C	J	S	N	P	A	F	S	I	L	K	N
Q	V	R	T	F	O	V	S	V	R	I	T	V	S	F
D	X	E	K	F	W	G	A	X	O	E	C	I	Y	L
S	D	M	F	Q	X	N	T	Y	V	V	O	S	N	M
U	V	I	T	E	J	A	E	L	Y	I	T	C	T	B
O	H	B	C	L	X	M	E	Y	T	R	T	O	H	I
C	I	F	L	W	K	V	N	A	W	X	O	S	E	E
D	X	O	A	Y	P	X	X	J	D	T	N	E	T	F
B	O	S	U	E	D	E	H	N	U	T	C	O	I	U
W	G	J	Z	J	O	J	T	C	X	P	R	V	C	R

WORDS TO FINDS

COTTON	VELVET
FUR	VISCOSE
SILK	WOOL
SYNTHETIC	SATEEN
CHIFFON	SUEDE

Time: ____________

ADVANCED

TRAVELLING 85

V	T	R	A	V	E	L	A	G	E	N	C	Y	I	L
A	B	D	V	U	C	Z	R	L	F	Z	R	Y	D	L
C	P	O	W	E	B	N	R	O	U	O	C	A	E	N
A	F	T	O	U	R	I	S	T	U	N	R	T	Z	L
T	I	M	Q	V	N	T	E	K	E	T	O	O	Z	U
I	S	D	Y	E	U	K	A	R	M	H	E	S	A	G
O	Z	K	V	X	C	J	R	T	W	V	I	B	L	G
N	D	U	L	I	R	U	F	B	R	M	Y	D	J	A
H	O	J	T	B	C	V	A	I	R	P	O	R	T	G
S	T	J	C	K	T	F	H	V	U	C	E	G	H	E

WORDS TO FINDS

HOTEL	TOURIST
SOUVENIR	VACATION
LUGGAGE	AIRPORT
TICKET	ROUTE
CURRENCY	TRAVEL AGENCY

MUSIC 86

M	G	C	X	O	S	C	C	N	K	C	Q	P	A	Q
K	N	V	Q	I	R	M	L	C	J	L	I	O	P	B
F	U	B	E	Q	P	C	O	A	M	G	X	A	C	K
E	Z	D	L	Z	O	R	H	T	S	K	R	O	Y	W
J	A	Z	Z	N	P	W	T	E	L	S	C	F	T	F
P	P	H	J	R	L	S	O	O	S	S	I	Q	Z	U
T	L	L	T	O	M	Y	F	Y	I	T	X	C	E	P
R	V	O	K	N	T	V	N	D	R	X	R	K	A	U
I	N	S	T	R	U	M	E	N	T	A	L	A	D	L
G	J	J	X	S	A	P	O	P	U	L	A	R	L	P

WORDS TO FINDS

CLASSICAL	DISCO
POPULAR	POP
INSTRUMENTAL	JAZZ
ROCK	FOLK
ORCHESTRAL	RAP

Time: ________________ ADVANCED

MUSICAL INSTRUMENTS 87

F	T	R	U	M	P	E	T	Y	B	L	P	M	S	J
S	R	T	E	F	J	I	W	W	O	E	G	W	E	H
A	K	E	K	N	G	K	A	O	J	X	I	O	I	A
X	Q	Z	N	O	S	J	P	N	Z	R	H	B	B	R
O	D	N	W	C	S	V	G	I	O	N	Y	K	A	P
P	R	V	J	G	H	X	O	K	I	F	Z	T	T	H
H	H	I	D	D	R	H	C	L	A	R	I	N	E	T
O	M	M	N	R	F	J	O	S	O	U	U	I	E	G
N	W	T	K	G	U	I	F	R	G	F	L	U	T	E
E	G	Q	N	O	V	M	D	X	N	B	C	B	Y	C

WORDS TO FINDS

CLARINET	HARP
VIOLIN	DRUM
FLUTE	FRENCH HORN
PIANO	SAXOPHONE
GUITAR	TRUMPET

Time: ______________________  ADVANCED 

CONSTRUCTION TOOLS 88

L	V	U	N	H	Z	P	D	X	F	D	R	N	Q	E
H	M	O	U	F	H	Y	K	Y	D	E	C	Q	X	P
H	N	N	V	C	Y	A	B	S	P	R	H	A	N	U
A	B	K	S	C	N	O	M	A	O	N	I	R	A	P
N	E	D	D	S	C	F	P	M	X	G	S	L	H	L
D	O	S	W	R	E	D	P	D	E	K	E	W	L	I
S	X	V	J	D	N	X	I	U	C	R	L	X	O	E
A	V	H	K	A	Y	Z	G	P	X	Y	J	K	S	R
W	J	Z	S	O	F	W	R	E	N	C	H	I	F	S
S	C	R	E	W	D	R	I	V	E	R	V	W	P	B

WORDS TO FINDS

HAMMER
HAND SAW
SANDPAPER
DRILL
VISE
SCREWDRIVER
CHISEL
WRENCH
PLIERS
AXE

Time: ______________  ADVANCED 

MATERIAL 89

T	Y	D	V	A	P	X	C	H	C	X	O	Q	U	S
Z	Q	M	H	T	M	I	G	Y	P	S	U	M	R	B
L	X	E	E	C	G	L	A	S	S	R	Y	C	U	R
D	E	T	V	J	H	P	D	T	E	B	R	O	B	I
P	T	A	P	L	H	O	E	O	E	W	F	N	B	C
C	A	L	E	G	O	T	V	N	K	V	U	C	E	K
B	H	K	U	W	Q	Q	P	E	I	M	G	R	R	B
P	L	A	S	T	I	C	B	F	L	Y	E	E	R	R
E	W	V	Q	Z	T	D	P	A	P	E	R	T	N	C
U	N	N	Q	R	Q	C	Q	U	W	S	X	E	K	F

WORDS TO FINDS

STONE
CONCRETE
BRICK
METAL
RUBBER

GLASS
WOOD
PLASTIC
PAPER
GYPSUM

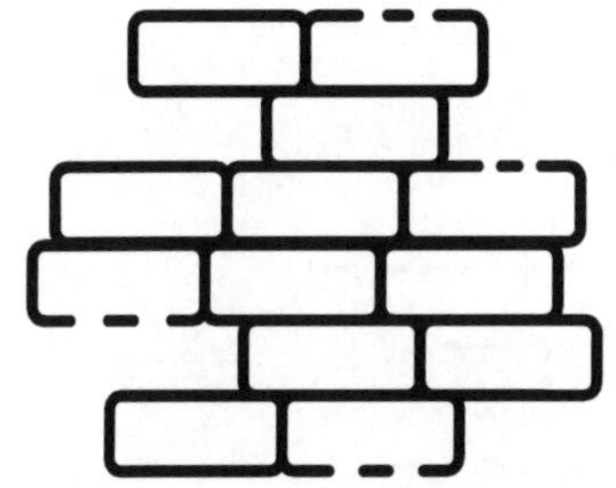

Time: ______________ ADVANCED

SENSE 90

C	I	Y	N	X	V	O	N	K	G	A	N	H	O	I
D	N	P	S	O	I	P	O	G	W	R	C	O	V	V
H	Y	H	M	V	V	B	E	N	Q	U	L	K	F	S
C	G	H	E	L	C	E	T	P	O	R	G	D	Z	H
S	L	I	L	O	O	K	R	T	X	G	V	C	Z	E
T	I	C	L	E	E	P	C	H	S	I	G	H	T	A
A	M	I	H	R	J	I	W	A	E	T	K	K	A	R
R	P	Q	Z	O	V	K	R	L	S	A	C	K	S	I
E	S	X	G	L	A	N	C	E	L	R	R	Y	T	N
S	E	O	P	X	C	B	W	Y	X	L	J	P	E	G

WORDS TO FINDS

TASTE	GLIMPSE
SIGHT	GLANCE
SMELL	LOOK
TOUCH	STARE
HEARING	OVERHEAR

Time: ______________

ADVANCED

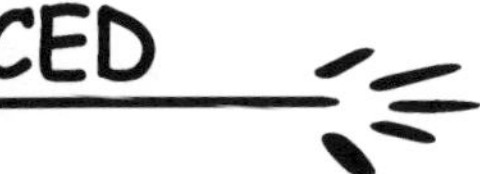

POSITIVE EMOTIONS 91

W	R	K	X	I	S	B	T	N	O	M	Z	V	N	H
H	E	P	A	X	U	G	J	O	Y	W	S	S	A	D
Q	G	A	T	T	E	N	T	I	V	E	N	H	E	I
E	R	K	C	Y	C	M	W	F	J	H	I	Z	Y	N
Q	E	U	P	K	T	B	O	H	W	S	A	S	R	T
M	T	P	L	E	A	S	U	R	E	M	U	Z	I	E
E	A	P	L	Q	B	F	J	X	A	N	P	C	B	R
H	A	S	T	O	N	I	S	H	M	E	N	T	A	E
N	K	P	T	H	O	S	T	K	Y	Y	N	U	C	S
A	X	X	J	M	T	W	Q	J	L	O	V	E	X	T

WORDS TO FINDS

LOVE
INTEREST
JOY
ATTENTIVE
HAPPY

AMAZED
SHY
REGRET
PLEASURE
ASTONISHMENT

NEGATIVE EMOTIONS 92

E	D	U	A	R	R	O	G	A	N	C	E	M	A	C
X	A	C	J	B	G	H	B	A	J	S	H	Y	N	O
W	Z	Z	D	B	K	I	F	K	U	S	W	F	N	N
D	N	L	Y	R	M	X	G	R	G	G	H	L	O	T
P	V	U	E	L	D	I	S	L	I	K	E	B	Y	E
R	T	G	I	R	R	I	T	A	T	I	O	N	A	M
N	N	X	G	J	E	M	S	F	E	A	R	E	N	P
A	N	T	I	P	A	T	H	Y	L	F	D	Z	C	T
D	I	S	G	R	A	C	E	Y	G	N	G	S	E	G
O	G	V	I	W	N	N	A	V	E	R	S	I	O	N

WORDS TO FINDS

ARROGANCE
ANGER
AVERSION
CONTEMPT
FEAR

ANNOYANCE
ANTIPATHY
DISLIKE
IRRITATION
DISGRACE

Time:

ADVANCED

MONEY 93

S	T	L	F	B	B	F	P	Y	H	R	U	P	E	E
B	Z	E	S	I	P	E	S	O	I	E	Q	X	T	R
I	M	L	U	P	R	J	Z	M	I	U	E	E	K	E
D	N	Q	F	L	O	N	W	C	J	P	D	U	Q	E
O	E	Z	R	U	B	L	E	O	Z	O	W	Z	R	W
L	M	F	A	D	I	U	O	Y	O	U	A	Q	F	O
L	H	Y	N	A	C	Y	Y	C	E	N	T	I	N	D
A	H	U	C	H	C	F	H	G	Y	D	C	E	U	A
R	U	A	V	Z	W	N	V	R	V	F	Y	C	M	F
S	R	N	M	L	G	U	G	M	H	L	U	H	Y	O

WORDS TO FINDS

POUND
DOLLAR
EURO
YEN
RUBLE

RUPEE
YUAN
CENT
PESO
FRANC

Time: ____________

ADVANCED

BOARD GAMES 94

D	J	I	G	S	A	W	P	U	Z	Z	L	E	L	S
F	R	P	L	A	Y	I	N	G	C	A	R	D	S	C
D	Y	A	J	T	H	Z	A	O	M	W	B	T	S	R
Q	A	G	U	L	X	I	R	D	X	M	Q	S	K	A
B	A	C	K	G	A	M	M	O	N	K	E	H	F	B
O	P	R	V	S	H	I	C	M	E	H	B	J	J	B
L	J	K	J	A	R	T	G	I	C	V	O	W	E	L
A	D	I	C	E	S	S	S	N	R	Y	Y	Y	G	E
T	W	H	S	Z	D	U	R	O	U	L	E	T	T	E
M	O	N	O	P	O	L	Y	J	W	G	R	H	O	D

WORDS TO FINDS

MONOPOLY
SCRABBLE
CHESS
DRAUGHTS
PLAYING CARDS

BACKGAMMON
DOMINO
ROULETTE
DICES
JIGSAW PUZZLE

Time: ____________

ADVANCED

PLAYING CARDS 95

M	C	M	R	D	N	D	F	K	R	G	V	S	V	Z
W	L	I	G	K	A	F	W	P	I	Q	Q	Z	V	R
R	U	Q	G	H	E	C	F	U	R	R	K	T	A	K
Y	B	X	E	Z	S	S	S	J	M	G	T	O	C	S
Z	S	J	A	E	B	R	R	F	T	I	Q	O	E	H
F	P	G	D	G	E	E	C	V	R	I	N	T	V	E
F	O	A	N	K	K	U	H	J	Q	Z	Y	W	Y	A
N	P	I	O	O	T	R	U	M	P	C	A	R	D	R
S	K	J	P	D	I	A	M	O	N	D	S	T	B	T
L	Y	P	U	A	Q	U	E	E	N	M	D	K	E	S

WORDS TO FINDS

POKER	TRUMP CARD
HEARTS	ACE
CLUBS	KING
DIAMONDS	QUEEN
SPADES	JOKER

CHESS 96

S	I	N	R	K	L	K	A	T	Q	U	E	E	N	F
K	G	K	O	J	S	L	E	B	H	N	C	O	S	C
Q	N	O	G	G	V	V	G	F	Q	S	K	O	A	A
F	R	I	N	S	G	Q	Q	B	Y	F	R	H	Q	S
C	U	I	G	Y	L	D	M	N	Q	X	O	J	G	T
J	K	C	J	H	H	I	U	Y	U	C	T	D	X	L
W	Z	P	H	U	T	L	B	I	S	H	O	P	Y	I
T	O	U	R	N	A	M	E	N	T	N	K	Q	Y	N
P	A	W	N	C	H	E	S	S	B	O	A	R	D	G
C	H	E	C	K	M	A	T	E	M	A	B	V	B	I

WORDS TO FINDS

CASTLING	KNIGHT
KING	ROOK
QUEEN	PAWN
BISHOP	CHECKMATE
CHESSBOARD	TOURNAMENT

ELECTION 97

S	N	C	B	A	L	L	O	T	Z	A	N	D	D	W
E	C	A	N	D	I	D	A	T	E	G	M	E	E	T
D	M	W	Y	I	Q	W	E	F	I	R	Q	M	B	H
P	E	Y	P	A	U	V	K	A	O	L	F	O	A	X
Q	G	P	X	E	J	R	P	F	H	V	G	C	T	H
G	F	G	U	Y	E	M	E	W	A	J	Z	R	E	P
W	S	F	M	T	A	R	L	G	X	T	T	A	S	O
M	H	A	O	C	Y	Y	P	C	Q	D	C	C	H	S
G	O	V	E	R	N	M	E	N	T	B	K	Y	K	O
J	D	E	C	L	A	R	A	T	I	O	N	D	E	Z

WORDS TO FINDS

VOTE
BALLOT
CANDIDATE
GOVERNMENT
DEBATES
DECLARATION
DEPUTY
DEMOCRACY
CAMPAIGN
REFORM

ARMY 98

J	M	C	T	F	G	R	L	Q	S	N	R	C	B	O
I	K	F	P	V	E	C	I	T	I	O	X	A	R	F
Y	L	W	W	I	P	O	E	C	N	J	B	P	I	F
Q	H	L	D	S	D	R	U	G	O	C	L	T	G	I
D	B	L	C	N	Q	P	T	E	I	L	D	A	A	C
B	O	L	K	Z	N	O	E	N	V	D	O	I	D	E
S	Z	M	A	J	O	R	N	E	Q	X	E	N	I	R
E	K	G	R	M	T	A	A	R	U	S	H	B	E	W
G	T	O	S	U	O	L	N	A	Y	B	R	E	R	L
S	E	R	G	E	A	N	T	L	X	F	O	O	L	M

WORDS TO FINDS

GENERAL
LIEUTENANT
MAJOR
BRIGADIER
COLONEL
CAPTAIN
SERGEANT
CORPORAL
SOLDIER
OFFICER

Time: ______________ ADVANCED

ELEMENTARY PARTICLE 99

H	G	H	F	E	J	G	I	J	P	R	O	T	O	N
I	N	K	O	D	P	N	I	S	E	B	Y	M	O	B
O	P	H	O	T	O	N	I	L	O	E	K	R	Q	P
N	T	L	O	R	V	I	U	Z	E	T	T	C	V	U
S	N	H	T	G	A	C	G	Z	W	C	O	H	T	P
U	B	U	Z	A	E	J	E	W	E	Y	D	P	P	S
O	E	G	A	L	J	N	A	L	L	J	B	K	E	D
N	C	Q	O	H	C	I	E	L	F	B	A	T	O	M
B	W	M	D	O	I	T	E	K	A	O	N	O	N	J
J	N	G	I	W	D	C	V	N	R	N	H	R	Z	B

WORDS TO FINDS

ATOM
ISOTOPE
IONS
MOLECULE
NEUTRON
PROTON
PHOTON
ELECTRON
GENE
CELL

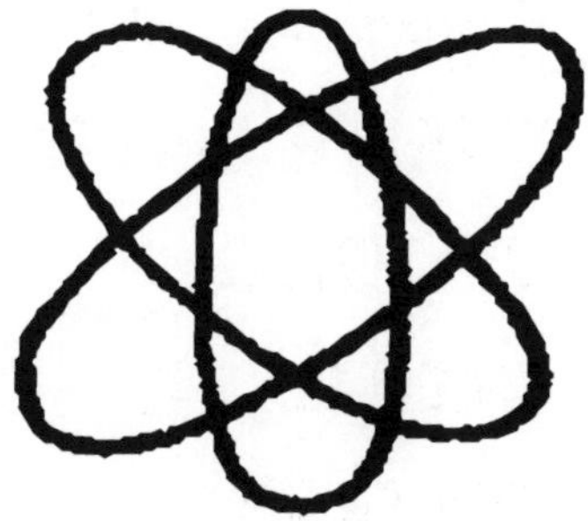

Time: ____________

ADVANCED

INVENTIONS 100

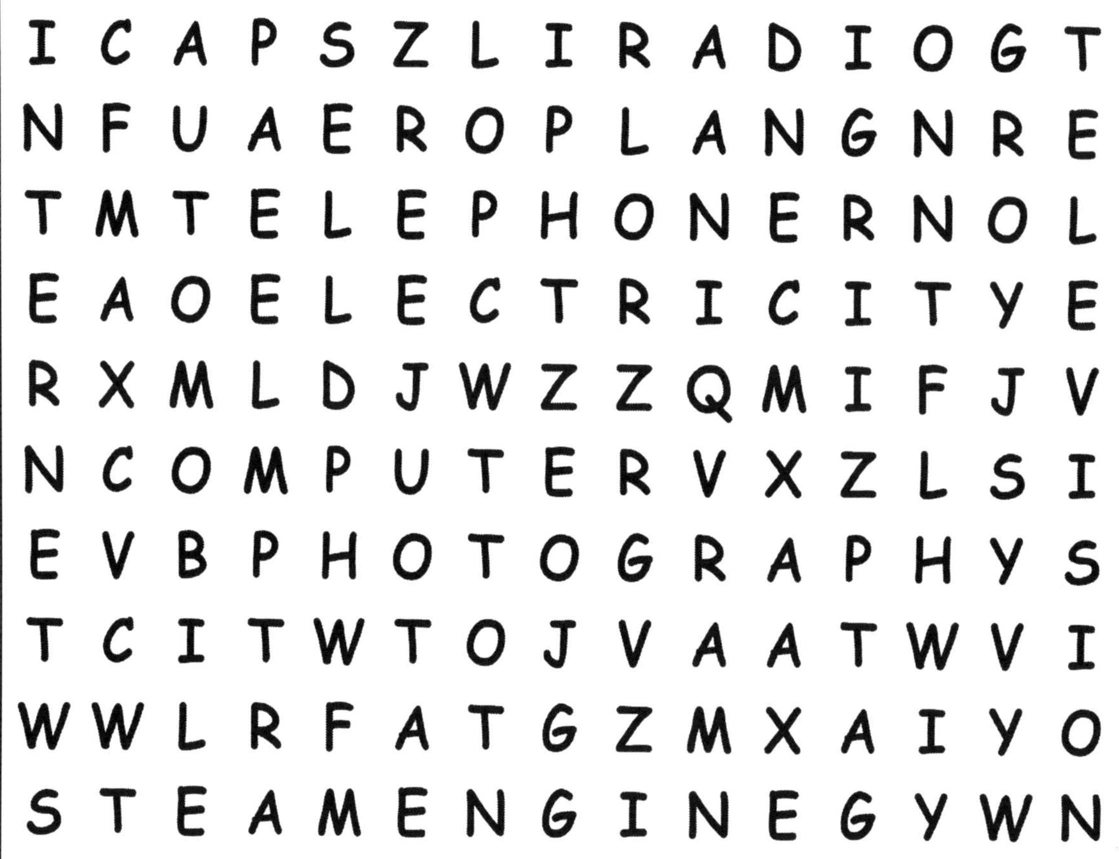

WORDS TO FINDS

PHOTOGRAPHY
STEAM ENGINE
TELEPHONE
RADIO
ELECTRICITY

TELEVISION
COMPUTER
INTERNET
AEROPLAN
AUTOMOBILE

Time:  ADVANCED 

SCIENTISTS 101

M	N	I	C	O	L	A	T	E	S	L	A	C	Q	L
E	A	V	P	J	J	L	F	V	I	G	E	W	L	U
N	B	A	D	B	A	Y	H	Q	N	L	D	E	W	Q
D	X	M	X	C	D	I	U	Y	T	E	W	B	I	G
E	H	W	S	I	A	E	F	O	F	X	W	M	S	K
L	L	A	Y	J	R	R	T	Z	A	G	O	T	W	Y
E	P	U	E	I	W	S	D	M	C	D	K	V	O	B
Y	L	M	A	R	I	E	C	U	R	I	E	L	K	N
E	T	S	P	R	N	I	E	L	S	B	O	H	R	R
V	K	P	A	O	S	R	E	I	N	S	T	E	I	N

WORDS TO FINDS

NEWTON	PASCAL
EINSTEIN	DARWIN
MAXWELL	MARIE CURIE
NICOLA TESLA	NIELS BOHR
MENDELEYEV	ARISTOTLE

WRITERS 102

O	G	O	S	S	E	O	C	R	W	J	N	D	D	H
B	J	T	K	Q	K	V	A	J	A	Y	K	H	E	E
H	U	A	W	N	I	P	R	K	Y	D	J	E	F	A
L	Z	L	Y	P	P	E	R	R	A	U	L	T	O	N
V	J	I	Q	Q	L	G	O	V	Z	M	V	N	E	D
P	U	X	L	A	I	M	L	D	G	R	I	M	M	E
H	Y	A	X	V	N	I	L	J	G	A	T	Z	B	R
Z	F	J	F	X	G	L	W	S	W	G	J	H	Z	S
K	D	I	C	K	E	N	S	T	V	F	O	V	H	E
D	A	G	M	F	P	E	R	O	W	L	I	N	G	N

WORDS TO FINDS

DICKENS
GRIMM
ANDERSEN
CARROLL
KIPLING
DEFOE
ROWLING
PERRAULT
MILNE
TWAIN

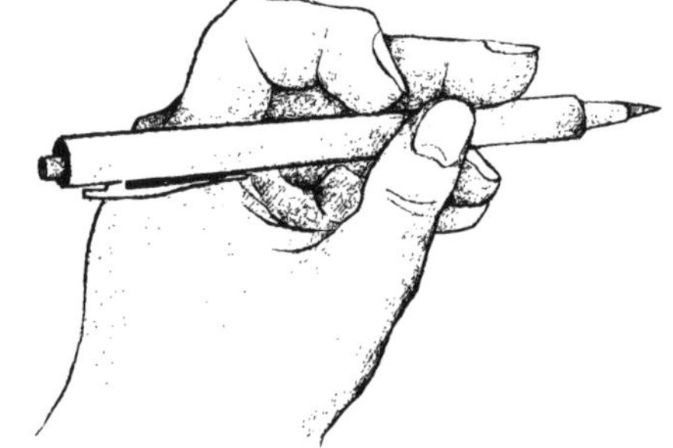

SOLUTIONS

Take your bonus: brainpuzzlesbook.com/kids-book

1

J Y X V A L Q J N Z F P X D R
Z Z A A V A Q U A M A N X E M
A N E M S X X F I R O N M A N
I L E K N B J T E O W E F D M
D H K A S R O B I N J J O P H
U U G O A U H Q P I E O N O Y
C O H A T R D A H H X T J O X
L Q B A T M A N G U X G H L A
S U P E R M A N R L Z Q I O U
S P I D E R M A N K H O J Y R

2

N U T C R A C K E R H E F Z R
B T S A D I P O P R J F I K P
L Z Y L H M L F B T Z A F K D
U P R A P U N Z E L T Z C U W
E Z B D B C S N O W Q U E E N
B Y A D B Y Q L M E R M A I D
E I C I I C I N D E R E L L A
A X S N O W W H I T E G I R X
R I T H U M B E L I N A E M B
D P I N O C C H I O T H Z T O

3

S V J L I N K J P S I Y K S A
I O D H L Q I T C R A N O E A
H L N E T X Z S A W I Q S P F
B V P T Q R A R S S C Z W F I
J O A B A D R Y U A M W U O Z
E T S U I E E H N X N V K R G
E H G Q F G J R O F H A U D I
P A R I U W E N J N Z H G J K
J H P S T O Y O T A D O I J E
I I Y X P S O X K U J A I D B

4

A S T R O N A U T I P N V A S
V I M T S Y A F T Y P E J F P
D S X Q S W F D N J L R W W A
S A T E L L I T E R A O L L C
X V O J I A N B Z T N X W N E
A S T E R O I D S Q E W F T S
J T F Z P Q S X I Z T I K L H
T B U V T J M M O O N M Z L I
M E T E O R I T E C O M E T P
E L O B A S T R O N O M Y O D

5

S G R E A T B R I T A I N V V
R P I K H X V W J R Z N R N V
W X A V Y U L D U F A R D P Z
Q Y Z I O F N E H B R Z C D M
W X Y B N A Q P U T E A A M I
C E W U L C B R A Z I L N V F
C Q N G K H T L E X V W A C Z
X E N B U I A F E H K Q D E E
G E R M A N Y L D Q L R A R E
S C O T L A N D G R E E C E I

6

B S K Y S C R A P E R P L A G
U S U P E R M A R K E T N A Y
I J S Y Y A S O L D W G K I D
L V N T M J T D J X M M D J G
D M S P M S B A K E R Y B L K
I Q R T K O Q P H A R M A C Y
N Z G O R Z E Q V M P E N T O
G V O W Z E C S N T F D K L W
O B H N S W E S Q U A R E E V
P U S Q T F S T A R H K L R P

7

```
T M I L L E N N I U M P F K T
F P M L E B P W C P Y D A G Y
Q A Q W G P R E S E N T L S W
E V E N I N G X H N G P H I T
C E N T U R Y V K N F H A G E
I M O R N I N G J I U R Y Z H
H B A Z V K F T V G T O A K T
M Y Y W M W H G V H U R D S C
R L D L Q Y N D E T R X A E Q
F S C A A Z D J F W E U Y C V
```

8

```
G J S E P T E M B E R R A L J
R F E B R U A R Y V R T U H T
H F I U N H H H V N J Q G J M
M N B A A M X L J Y J Q U U T
N U V U H B A E T U Z A S N Q
A D L A G N H R T K L D T E F
P X J B Q V D S C I A Y V O A
R W M B M G I F C H D S Y X M
I D P R R P Q J A N U A R Y A
L O C T O B E R A Y V E F D Y
```

9

```
F G W X A M K D J Q L M B U X
P D K O F F Z F C P G D R A H
E B D J E Q O M Q X M E S M W
G Y R C M W E E K H O I T M L
T H U R S D A Y O Z N O U O F
S A T U R D A Y S R T Y E N O
J W Y W I F L S C H H E S D R
V F E U A N W E D N E S D A Y
S D A M G J F P S U N D A Y O
P D R D C J F R I D A Y Y Z R
```

10

```
U S W N M D D V G K R L O D Q
O W O O D P E C K E R W N P H
E A P E A C O C K S X X A M N
O L F Q C K W W O O Z C R O W
P L T E Z O G C O E V K E O P
E O I K R J J I V T E G F G D
B W U R M X I B Q R I O A J N
H D A E A G L E D P K W D N V
A P N F V F G L B R G L Q F H
S P A R R O T T S A S W A N R
```

11

```
B B H E W J V W K H M N B Y J
T I W N O C T O P U S E D F J
G D A I V C R A B N U R K I Y
D L L D O L P H I N H O G S R
K V R P P F E V V K C I P H O
W S U Z K F Q S T I N G R A Y
H A S V S T A R F I S H L X S
A U C L T Q R F S D S T Z I T
L S Z A V J E L L Y F I S H E
E I P B T X Y S B C J Y V G R
```

12

```
E L E P H A N T Z E V T X S X
R H G I N Z H Q X W B R M L J
X E I K D G A Z S M V O U L H
Z T R C A V B I T R H Y E N A
E O A K X N L W Q V O M T M Y
B J F B A I G I M T A C O U Q
R C F L E M U A O C O H T N L
A J E R Q A I X R N Q O V O A
C N S Y A T R V C O N J C U K
W T I G E R T C H M O N K E Y
```

13

L O D O N K E Y N M C F L H S
C W G U K A Y W D B Q X U O X
X O L C X P Y C O C K E R R H
U U W Y U J H Y G Q D J G S D
J R N N C H I C K E N F J E K
G V P Z B U B E D S W S W U P
S G R R O D L M J Q Q K B E N
A M O Y P F C G B C P W E G H
A L Y A T Y A P I G J H W R I
J Z U G T B T T P Y S Q P U E

14

N P R D P X N B J M N K Y S S
O M K P I N E A P P L E I Y Y
J R H G R U G N H J O J X A X
Z W A A B G R A P E F R U I T
B M E N L N A N D X M W N K X
F P N A G L F A M L S E T G D
Q Q W G M E E M A P P L E K R
O P L U M X J M P E A C H U B
A P R I C O T L O N J O H T B
T P C W A M V S V N L D R C B

15

T R P O T A T O A J K B F T U
O A T C U N C F O N I O N U D
M D Q T U B H Y H W N A N O X
A I S H G C M G C E L T T B H
T S B I R A U V G P E C L V M
O H G O X B W M G V F A V F S
O C M G I B X G B X W R B J B
W T N J K A E I J E J R E H N
P E A S R G X O G A R O E M M
L T J F Z E T M C T K T T Y L

16

G H G Z L P H W A C X P E N E
A X T L U W L I B U J J N B O
R T A R I O S N A Q R O O F J
A H P E N R Q D L C U R R G Z
G H H I I F E O C L R U O H E
E R V A L F C W O O H Z P O M
K I T C H E N B N S A W U D M
Z S F I Z C R C Y E L L Q O S
Q U I L C N M A G T O C A O H
O M Q S M U E C O P R Z A R Z

17

S L P B E T X Q O Q G N M I L
U W M H A F J R K S W D S X U
I S G R O P W L X O X J P H U
R G W T X U Z T R O Q P Z H Z
G U G H V R L B L U O N I R E
H Q Z B D P M Z B K C H R U G
B L A C K L Z M H T M H L E Z
G R E E N E W H I T E B Y E D
O R A N G E T G P C H G R A Y
H U D Y E L L O W A O B S U N

18

P A R A L L E L O G R A M N B
G A V U R S M B W T R K O Z L
W B G W M H U X B R H G D S E
L P F Q O E L T X A O S Q Q I
N M L I L Q Z O N P M U C U Q
M R E C T A N G L E B N E A Z
I T R I A N G L E Z U O C R O
Y I H E X A G O N O S A Q E J
C P J Y W Z K C R I M O V A L
P E N T A G O N L D I I D L D

19

S	H	A	R	P	E	N	E	R	D	I	V	O	E	I
U	C	M	B	Q	B	L	A	C	K	B	O	A	R	D
E	Q	X	L	N	B	P	B	A	C	K	P	A	C	K
C	I	O	B	P	R	E	C	O	S	A	K	V	W	L
H	L	Q	C	E	Q	N	G	E	G	R	C	W	R	M
A	A	O	S	C	Q	C	D	L	O	X	G	E	W	A
L	Z	A	C	M	S	I	V	B	H	A	L	J	D	H
K	R	Y	A	K	X	L	C	V	V	U	O	S	T	T
E	Q	L	D	B	E	F	F	G	R	R	B	V	X	Z
N	O	O	R	O	F	R	A	U	R	I	E	M	U	R

20

B	W	J	F	S	K	Q	E	S	F	O	O	T	E	L
W	C	A	E	C	M	C	R	M	R	F	H	N	V	E
X	P	O	A	A	D	E	R	K	V	V	Z	F	M	G
O	T	B	T	O	G	R	P	A	K	D	V	R	G	D
L	A	V	K	N	O	J	C	W	G	O	A	D	A	I
G	L	H	I	S	H	O	U	L	D	E	R	E	C	Y
L	B	F	E	L	Y	C	Z	Q	B	G	H	E	H	W
V	S	U	B	H	A	N	D	Z	V	G	S	A	E	M
O	P	Y	M	A	S	V	Q	T	Q	F	O	J	S	P
D	E	T	S	K	Q	A	J	R	S	N	Q	M	T	U

21

H	M	O	U	T	H	A	A	F	E	J	O	M	Y	M
M	G	Q	T	H	H	Q	M	O	P	K	F	M	X	F
R	E	Z	T	U	M	V	P	R	B	S	R	T	S	E
T	Y	E	Z	T	E	H	W	E	Q	J	E	R	A	Y
S	E	K	Y	F	K	S	S	H	U	N	U	V	W	E
T	L	B	X	L	L	P	G	E	U	M	H	M	N	B
E	A	F	A	W	I	O	K	A	K	N	J	I	Q	R
P	S	U	I	L	X	P	J	D	L	C	H	E	V	O
C	H	E	E	K	S	A	G	L	V	C	A	L	Y	W
W	M	F	T	T	O	N	G	U	E	H	K	I	T	E

22

A	V	H	E	E	I	B	F	I	B	O	W	T	I	E
W	S	H	O	R	T	S	Q	F	T	O	Y	Z	S	M
A	A	C	D	V	D	I	E	E	S	H	I	R	T	P
L	U	I	P	G	D	W	K	P	R	H	E	K	O	V
C	J	K	S	B	V	C	X	J	D	S	F	B	S	G
H	R	G	F	T	A	E	V	Z	U	X	W	E	K	E
I	B	L	R	J	C	P	S	O	E	B	U	P	I	P
N	X	R	N	L	M	O	R	T	U	X	E	D	O	N
O	W	M	P	F	D	T	A	W	C	T	O	H	Q	P
S	T	E	C	S	U	I	T	T	V	S	M	D	H	K

23

T	L	E	G	G	I	N	G	S	B	I	P	R	B	F
T	U	C	X	E	O	H	Q	Y	L	P	C	Z	Q	L
L	J	N	Z	K	S	Z	T	W	O	A	B	W	V	J
G	O	R	I	X	I	A	R	T	U	S	H	A	W	L
D	W	K	S	C	O	L	K	S	S	S	K	X	T	Y
R	P	S	W	C	A	N	R	I	E	Q	Y	I	F	Y
E	K	E	R	X	A	P	O	N	C	H	O	I	R	G
S	S	U	T	T	O	M	A	K	J	U	J	K	R	T
S	F	E	J	N	H	N	O	P	J	F	Q	M	A	L
S	T	O	C	K	I	N	G	S	Y	C	X	W	A	S

24

M	U	S	H	R	O	O	M	I	R	S	A	L	A	D
E	G	M	G	X	L	L	T	W	C	I	S	G	S	T
H	P	P	N	W	E	T	B	Y	C	N	C	W	A	D
F	K	A	C	T	E	O	F	Y	C	F	K	E	N	B
U	R	N	I	H	A	M	B	U	R	G	E	R	D	U
W	J	C	G	G	Y	A	M	B	T	Y	O	N	W	T
H	J	A	P	S	Q	R	E	T	K	C	U	S	I	T
A	P	K	P	O	Y	E	A	O	P	G	V	N	C	E
S	T	E	V	W	T	S	T	O	H	J	H	J	H	R
H	U	X	Z	W	B	R	P	J	Z	B	Y	V	R	R

25

Q F P F S E N P Y U B R H W M
W A T E R L E M O N A D E M M
S G I U Z C C Y L S P T W A I
V H J N T O C O R B N N D Q L
R R P R H C O I C D T O V J K
T J B K A K F A U O S J O H S
O K L R T T F F C H A U E R H
I I F C E A E P D T Z I T O A
M S J U A I E N K M Q C K T K
U C T L U L I Y E H Y E G E E

26

G S J O B H R X X K Z I N S F
U N C L E R F G H T I O V I H
M O T H E R O N E P H E W S V
S P U U L K G T U R I I M T U
O G B H D A U G H T E R N E P
N G R R B X E N D E L K I R A
E Z U E X G R U G N R M E Z U
X F A T H E R V D N U E C B N
L K Y F F C W S Y D F H E N T
A A I F H P S O V T B U C I N

27

T E D D Y B E A R M G N F Q J
Y X Y R R Q Z P I P B S F I P
D W A G N K F I D U T R A I N
F K L W F E O C O O N U L J D
W Q J D I G Z Z L Q O B D L G
N V V B E B T X L Z P A C I B
G O R L T R O B O T B L M Q H
N A S G S C Q I D G S L S S B
B L Q U D A V Y Y V M W Z W R T
Y N B B N R P C B L O C K S B

28

U C R O S S W A L K M G O E B
G N F T S M X M B R I D G E O
I X D E X P R E S S W A Y S U
R V Q E W D R A U L R Z I A L
K E X F R S T R A F F I C E E
H J Z I L P T U N N E L U G V
Y W N L J I A K R I I N S H A
C Y F B F B S S E C E J V V R
P A V E M E N T S V X H H K D
Q T Y Z Q O W C A A L L E Y R

29

X E N L A I T R A R P A Y M Q
D C I N E M A Y Y P J T Z U K
Y G P V Q R P G K B R A A S I
Q X P K O K Z P H A U T O E C
A Q U A P A R K P R M G X U I
P F D B R E L I B R A R Y M R
Y J X U C L W B Z A Y Z F Q C
T H E A T R E Y K C Z U S J U
C P A R K K V L X G I O H T S
A K W A H B Z D I S C O O O D

30

L H W R S T R Q N Z G L P M S
E Q G P L E R W X Y I F Q A P
O G W S L B O A F Z A S R G E
I R Y G I L E J M K N K P I C
B O G M C F Q M M P T D E C T
C U R L N E L L T X O U B I A
J Q G Y C A R N I V A L O A T
H M E G H C S Y X I C Z I N O
A C R O B A T T F N H I S N R
A T T R A C T I O N S K Y D E

31

R B U P E R F U M E R Y V P S
L M R A H G L E Z K A G A O N
V H E P O X O E T O K I W S O
J K S U L P W C A N D Y W T W
H A P P I N E S S G A F O C D
U K E C D I R K F H G A M A R
L D C R A N S J M F G C A R O
K K T G Y O B D D F H T N D P
P T R P W N E M S O T J D L S
S P R I N G X A K Z S R O G Y

32

V D G N L K H S U R H E J P T
V B R D Q F T Y S V N V P S G
M F M B H N G Z K W X Y I D S
O H I T S N E W Y E A R N U A
A P C T K S E H C Q H A N I E
F N F A S A N T A C L A U S C
V I G K N N D P B R L M S X A
G L J E L D T I A G U A M Y R
L E C S L H L G P H I R D A O
J I N G L E B E L L S Y L Q L

33

G B R O O M S T I C K C E W F
S H I S C A R E C R O W S C D
V X O J K C X S V Q Y I L O X
Z P C S B B C E N X H W R S G
J U S C T K T I K P E M W T R
J H K W Z P F J X K X F U U A
X Q U Y K F S P O O K Y V M V
M O L K O S K E L E T O N E E
I R L C B M F P U O S S D W E
X P U M P K I N I F B Q R K F

34

K Z R A Z H K Q O H U I K F B
Q M G M C B A L L O O N G E C
U U A X X J S Z F X X C U I O
D X M I Q J X A F F H G E S N
O G E F R I E N D S N R S W F
W C S M U M D B E Z L V T E E
I U W C Z N C D U B T V S E T
X P O I N S P A R K L E R T T
N E X I S R Q D K C A K E S I
Y A G L D H L E S E O R R V C

35

X C N E Z B S Y F M B K E B E
U F Z Z J R A I Z J P R O W L
A V A T L X A P D X B S R H O
U J D K P V A T L E W H B W C
I R O N H I D E C U S E S I R
U A O P T I M U S H X W F T O
C R M E G A T R O N E R I V T
C C W Z Y A O A G H X T Z P N
A E M N B U M B L E B E E G E
J E S T A R S C R E A M G Y V

36

C S C D Z N S I L F H L A L I
U R V H W U S E G T E R E K C
U P O W V W S E P L B K V F H
H F Y C O N S K T O A Z I J A
Y W W N O V L R C N L U G I M
G N F H X D U I S G Y D U U E
G R T R X T I A Z R T U A M L
Y Y G U O H H L Z A F Z N H E
P Z T O O G L Q E S R Z A G O
Z D M D I N O S A U R D G N N

37

L R O B C A T E R P I L L A R
A C X Y U B H M E S O U A E G
D L R L R T H M J N R T A N K
Y B K I T Q T P B B N H I G T
B E V M C O A E S K F W X B U
U L Y H M K S T R I L N W E Q
G J W U Y T E Y N F S O O E R
C M O S Q U I T O F L I R T C
G R A S S H O P P E R Y M L W
A W Z F Q B F S P I D E R E Z

38

Z E I X M T L U Y N A H C H T
W P P S I V F V O W A I A T D
B D J I R L I I O V K Y R S L
L X U S Q O L O Z J I X N A A
T W L T Y E S O L U V N A S V
Y M D N D M O E R E S T T T E
K U O N E E M R G C T U I E N
B E A E W I S W Z V H L O R D
P D N A R C I S S U S I N S E
J K C L X D S Q P Y B P D P R

39

D M X S A C P P C E F L L R X
S Z M A P L E Q H N A D W K B
A T D C U C G Z E D L Z I L I
H M S H Q V X D J R X L L B R
G H R E V P N O A N I P L E C
C W N S P I A L M Q B F O E H
H I Z T L F P L Z S A S W C D
P S Y N L O Z N M L K X L H Z
Z G A U P W B T D A T Q M B G
Y Z B T Q G N T O N H A O U J

40

W V B K F K S B S Y H B R A J
Z R U X M R Q E E S L A M P E
N H D B N D N Y V Z T P J C O
L B X U F R O E Z V G F N X C
L Q Z G R A K F H G Y O A E W
X K X C U P S O F A C G V G S
P P B G G E L J P S J C A L I
T A F I R E P L A C E W S J H
B F P I C T U R E F B G E S Q
F L O O R U J A R M C H A I R

41

V A G M J T M P W C Q N M X F
F S A B E R W M Q S I K V O Z
D G O K D U V E T A H G P P B
L Y S G O R M A T T R E S S W
I A I Y Q W E R F N J I E Z V
C C D J O J U S K C V G S T T
P N V L R C B M S W C W O V B
T B L A N K E T X E Q M Z U E
N I G H T S T A N D R F C J D
P V G C M O I B R V G A C Z Z

42

Z K Q G C V O N J A S L M T Y
C M P Z J T A B L E C L O T H
T I Z F E J T R P J U I C E R
W M I C R O W A V E Z R L U K
N J G W F E H E T T X U Z W O
R E F R I G E R A T O R R S C
O N L B W S S Z G W E C W T B
T O A S T E R A E Q C F T O U
D I S H W A S H E R A K T V T
O V E N J C U P B O A R D E H

43

X U T G P E R F R S J T V Z I
V R I U F F N O U O S J W E D
W N Q B A L Z R T Q Y Q G U I
C T R C B C T K I Y X T O B V
X H C T S A U C E P A N E G L
P N H E E Z D T K K Z Z P W G
L R P A E X Q Y X O U U O N L
A E A P B O T T L E C B S O A
T K M O M M U Y I Z J H H J S
E K E T T L E C D T K V C F S

44

Z K H W A L T A R T O W E L T
G J U Z D E Z E H T K Q M P O
H Y V K L W Y Q O A J S I L O
U U G I X R N M Q U H I R P T
D R O Z D K B W U T Y N R K H
Q T C R F W C A A F L K O R B
D F I L U Q D B K X P A R K R
U A E I I N W X L A G H B V U
H H M B L Y J C O L X E V I S
S J G W F R E S H E N E R P H

45

I U H X R S Q F N I X W H N E
N T X K M W O V W S Y A E V C
M C F V N K C Y A C H R S E U
U O J V R L H F L S A D N E B
X U K I H E S O L M R R M L E
V C A T A B L E U S T O O L N
B H S H E L V I N G S B W D C
C J Z X A Y E Q I T M E J E H
F L R E X H V M T W H K M S O
W F B O O K C A S E Z E Z K S

46

K Z J D W R K U W M O P J Y G
W K H P E G O K K X E H Y T B
N H B T V S E T E R A L N N D
X G A H U M I D I F I E R D Z
H E G W O I T F E C A M E R A
H O V E N T I L A T O R F R U
C M O M U L T I C O O K E R N
H Q T V U Y J P P E G X Q O L
V H B L E N D E R D I W R T R
B I K A R R J W A M N I H C R

47

K Q U X N D T T V Y N X Y A C
R F Z U U L I G H T N I N G K
C D A O V V K C D G G A F E M
V N L E H A G X K Z M Y S R R
Z C C C I L T O R N A D O W A
T E M P E R A T U R E T Y I I
Z B I K B V B I X Y S Y K N N
I T I Y Q F E K Z N N P M D G
J F T D W C M V B M O D Y O K
R F J F I M D J R W W K F P J

48

T S M E W Q V L G X R O B R J
Q H X B E T I C A N Y O N R N
X S S D R F B X O T P K G I C
F R B E F E O B M C E L A P Z
N C S Y N X T P E L E T A V Z
K E J I X S U M G A N A I I I
D W U X E K Z N D U C W N H N
A H T R E H U P O V P H I I K
E W O K Y J A M E K R I V E R
W F G M R I Q Z G L A C I E R

49

T K D R P C L Z R K I U Y X H
P D A A T R A I N X G T A V E
M C B G I W B O A T Q G C J L
H U N W B R G T I M V R H S I
B P U Q I H P K F K G I T F C
Y X P W C X R L L D C S G E O
P P R H Y Y W A A A O S H I P
J P M B C M B H S N A E C N T
A M B U L A N C E Z E J T D E
T D J A E Q Z P T J F C Q Z R

50

K X A M H R R S F H Z K V O C
B U L L D O Z E R R C R M Z E
D Y S H T T K N E U E Y K E X
H F J C F K V D R L R W O P C
A Y A T K F A T L V X E U J A
A R L Y N R F O R K L I F T V
T H Q I G N R E S Y G I U G A
T E L E H A N D L E R C S D T
B A C K H O E L O A D E R G O
O G F K W J C R A N E G U G R

51

Y V P C B E Q F V C O F V O V
D H A F I R E F I G H T E R L
I D I H W E V N L P I L O T B
J E N T I S A Q D P T A K E A
X N T P Y H C O S R K R Y A C
T T E C C U X B O I O Q R C A
E I R E H Z C T H I N V X H K
S S M X I E C Q R H C Q D E W
H T E Y U A F D O C T O R R U
A R C H I T E C T J Q J T B K

52

C J N X H M G E O G R A P H Y
H A S A I L P G J H N S C U Y
E R A R L K H O E E E X F F P
M C L T F Z Y W J S J Z X Q M
I H G I F W S R E A D I N G Q
S E E M N L I T E R A T U R E
T B B U N F C Y Z F E I P Z L
R N R S P O S V H I S T O R Y
Y P A I M A T H E M A T I C S
M K L C Y S Z C X G K X W N N

53

X L D M X L M U I L Z B J E G
C M D S I B Z T H Q W B J F J
A M X C T R W C J F B P D G Y
O C N Y E A Y S V A J A X S M
P E X K W R P P U S H P I N G
P B R E N V E L O P E E E O G
G A S I M Y J I E F P R Z B L
M J L H U P A P E R C L I P U
S E W T I W I Q E R A S E R E
S C I S S O R S W T H A T J H

54

C N P F E D R K J T T F H G V
B Q I Z T O L E N N L S N M Z
N A Q U R I C C U I E V K W M
X G R E H N C O D O G E G E W
F D P O I Q C T R X G H A Y M
H M W R N S U Q F C C G T R A
E B P Y I E P E M P N K Y T L
Y E R V O L S Y E I D U K E V
B M J K R X R S K N L D L B O
M A R C H I O N E S S H M M D

55

S G Y M W O F R I S G C C Z Z
Q A A W I J H H G O U F U I C
K K M R D X I A O M I X R U W
F E J S E C F P R O V E R T U
D V T H U D Y T H H F C U F T
G Q A K U N M G S O P P O R M
I N L Z E A G I A N N L B U U
N O K I A A W V T O R E K U J
G H X A L K K E O R J P P L I
M O T O R O L A I A U J O C Y

56

L D C M A R S H M A L L O W M
L O M A T H S H N D Y X J J A
N U L Y K E F Q M K C S C P R
V Q F L I E S W U K X E Y C M
P D O K I U C Y F A A D N F A
Y V O J Q P W X F U S G U A L
E O G A A B O N I R N T K S A
C V E M I T Y P N N C Z Y J D
E D O N U T X C A N D Y C L E
P H P R O B C H O C O L A T E

57

H O B R K C R S A F F R O N C
C K Q R C B X L X U Q M E R I
N I P T X A V A C L K I M O L
F X N A H N R C P J I N W S A
V J K N P Y U D K U T T L E N
K J C G A R M Y A O V C A M T
Y H O D Y M I E I M K T N A R
Y W B E A H O K C L O V E R O
X S H Z C W M N A G F M K Y D
H T T U R M E R I C L N Y E C

58

P X N H G Q B Q V G K F P I B
H A Z Y I F Q I N T G I D P E
S K I U L K C I U U B S A X L
E J X N J P I C S L G H N S C
W H D W T K X N Y C Z I C I O
I K X S S I G R G C E N I N O
N T S E X K N P N Y L G N G K
G M R I N P I G Y R D I G I I
Y T R A V E L L I N G A N N N
T P J O F P N I T X K C A G G

59

S Y T C E X R K S T Z X D W O
Q D B Y E E R R K A N H F Q K
W A P N I A E H E D E L O C M
S V V H Q M S Z T D G S O E O
V W S E O A I I O G W O D O N
W A B T C S J C U Q O S S F E
C P S U P E R M A R K E T I Y
T U E S C A L A T O R U U L S
C C K W B X U P F F A I F P H
S H O P A H O L I C N J F R A

60

L D K J Y E L E H O T C M M B
Y E C Q V S O C K N R W D J A
B Y E S M N P C E F C T Y Q U
Q N O K A M A T C H E S Y W C
O X X C P S H C Z T B K W R O
L Q E S K C R X L F T T U K M
K S P C R E Q U I P M E N T P
D Q U O C A M P F I R E C F A
G R T N Z A F F L E R G U B S
F K A S L E E P I N G B A G S

61

```
A K V B S H T T Z I R H Y U A
C B P P Q E R M O K M L O U S
D A O P U A R O M A N T I C Q
T U C Q E V A L E N T I N E D
V U U H X A K L R Z H O L E X
H O K U Q R K O J N G G B D C
B B V G E R V V M P Y C A Z U
Z R X S R O B E R I L A E O P
K H S J E W E L L E R Y B K I
C H O C O L A T E B S Q I M D
```

62

```
E A S T E R B U N N Y U E P R
Z B E O B B U X B P J G A R E
R E S U R R E C T I O N S J L
S Z R Z K T H C G F P E T E I
P H S C J T H B A T B Z E A G
P B S B C G T O I W U L R Y I
A H G U R T L B D B H Y E P O
O D F T Y L E N T O L C G S U
O B S E R V A N C E X E G R S
J E S U S C H R I S T O S M O
```

63

```
X A H C K L O U I S I A N A W
J P E N N S Y L V A N I A M A
X Q Z J G Y K L D F S C K V S
Q Q C A T R R I R A S O V F H
E H B Y O E R Z S H Z L O I I
L S Z Y U O X N F A X O Y O N
W S W M L B A A N W Y R I C G
X E U F X K Z R S A A A M K T
N C A L I F O R N I A D G B O
D X J G P W L F B I M O N L N
```

64

```
F E Q U E S T R I A N B U B K
O B Q M H C F Y D B C I E O Z
O L B A S K E T B A L L Q P Y
T U S M U K L E Y D B L U Y J
B T S R C R M H M M O I U J U
A R E O F R P K C I W A G A W
L D H N C L I L Y N L R D C F
L H N C N A B D U T I D K L O
R U G B Y I X E Q O N S O C B
L R Y W W Z S R H N G G C G Y
```

65

```
R O N A L D O K C R U I W A I
Y O Q U L W T J R R H H N P U
U B K E D L B I M O A O B X U
U Z K S L Y Q C E U D C J D R
B E C K H A M E H A O N V A S
F P H P E Z W A R S Z P M I A
R Q E E O U A A K B S Y S M L
W Q F L K D M Q A A E S M D A
R O O N E Y G V N N E S T U H
B U F F O N A Z E M H M H W S
```

66

```
G O B H H T I E F R A N H L L
W D R M H N D G E N E M Z S W
U F R C R I D P O N A G D P H
I Z T V S E E B S T A D I U M
J A B F N E F C O A C H D F R
M K F M K S E E F V N M T T B
F O V L D L N Z R L A Y C P Q
H A A R S B D U T E A K L E X
A O N A Y N E N T S E J P C C
G H H K Q E R R P E N A L T Y
```

67

```
N G L F V S L A K I W J S K Y
Z J A K V L X M C Q D U S S L
F I T N E S S B A L L M U T Y
D T T B D S A J T H E P A O O
Z T R E A D M I L L O R A P G
A A U P Q S Y R Q I K O W W A
B W D W F N U S A I J P P A M
P U N C H I N G B A G E O T A
D U M B B E L L S F K X A C T
E X E R C I S E B I K E M H S
```

68

```
A Z D A R C T I C A I I B C H
K T M E D I T E R R A N E A N
X U L V P U J E O A L O L R B
L P I A S I O P Q B Q P Q I P
B E J N N V I N D I A N P B A
A B L R O T Z H J A N C K B C
L S L W Z R I Q Z N S T N E I
T B C A L O T C M N B N L A F
I J B X C O M H D P P F M N I
C L M N G K S C T M U V Q A C
```

69

```
C M G N N S Z P L O T X V M P
H Q D Y Z Y Z R D P O J V R Q
A K M R T Z O D U F D W N Z I
R V L S S T Q D I E P C G K W
A N A E C C A M E R A M A N O
C C B A C K S T A G E N W K E
T E S U B R Y Y U J N C T Z H
E S C R E E N P L A Y E T P L
R M O D X S S Y E U S P C O I
A N I M A T O R Z H F F S B R
```

70

```
H U C I E O X N C R M D Y A R
T O P G T K R A C L N S M E A
L A R V Z E G V R O A A L K C
Z K H R T W N R O T R L P H T
K R C S O S V T N D I Y W C I
S M E R C R R A R R D D R O O
Z W B Y J A F S H Z T P Z M N
M U S I C A L T V K T W Q E O
P I G Q M E B U T K E O D D A
Q L E D O C U M E N T A R Y V
```

71

```
M G S L O Y S R K V Z Z Y D G
S F Z Z X G E U B O N Z U E M
R E K I F S O L I N K Q C P E
C D F G U J K E Y B O A R D M
L D I S P L A Y P H F N A F O
A N L L U X H J B R O W S E R
P M O N I T O R E B Q W S H Y
T T Y M P H O T O C O P I E R
O V W R I T N U K Q T U X L Z
P K Q F L İ D X L E B T M K F
```

72

```
E P F Z T B A F L O V B I C P
E R B O Z N S E J U C A B I N
O M O U F I E B N R G Q B Y P
R B E Z M H B R B G V S E S P
R M K X W P L G U K I D U N E
N Q G Y F Z E Z D I Y N N G T
U J A P L B B R A K E L E B R
A C C U M U L A T O R E O M O
S N H O S K S T R A I L E R L
D I E S E L V I J X L T H Z B
```

73

C K X Y D C G J L L G U W G S

I K T F O K H U X Q M R V H I

U S A V Y N W P O B E A F A N

I O D E R N Y I P J R N Z P A

X N R U U K U T R L C U O N X

U J T S V E G E U R U S D X L

M A P K E A B R E A R T H E R

S A D Y N M Z C D A Y Q O S A

I D R M U U V T K S O G R C V

X P D S S N E P T U N E E I Y

74

C G B B Y P S T M H M C G X J

Q M A V P E Y J S C O R P I O

L J Z Q C S A L C B V O Y W O

R T F S U G E M I N I I V D K

U M I R L A C C A N C E R S A

B P U L I B R A C O W A H G C

D A F K N G L I C S C X L V O

T I R F X F E U U O X C F Q Y

C P Y G J B O Y J S A R I E S

O C C T Y I N F Q T A P M C S

75

L P T B S I O W R B B Q U T X

I R V E R B N O X I E H I U Y

N O A E X T M F P X P S T G C

G N I M O E I D I G D E N B G

U O D A R N Y I V N C F R R E

I U I H D S M A V N I E M K R

S N X D C E X L O H V T L Q U

T F F G I T T E F D Q W I O N

D K X G W O Z C A J H W E V D

F I Q Y U O M T A R T I C L E

76

E R E M Y L Q P N T A Z L U H

V W M K C U G R A N A R Y U C

G X H I B C B T Y Y G H T J K

D S S A P A A H I E E O T S A

E E L A R E R C T C Z H A S K

Y E X O H V V L I R I P Z T W

D D V W I A E R E C Y J Z R S

N J Z B E R P S O Y Q M H C X

B U C K W H E A T B M Y X K D

P L O U G H M A N Y V J R D Y

77

M X J N V J S S E Y J E T T N

O C N D X M C R B D R Q O W P

U I D D Y O I N A K I E O E S

T H P R P N S E B Z V G T E H

H A P O Q T S M W E O N H Z A

W H E U H F O F J U A R B E M

A O S K Y C R W O V I Q R R P

S Y P O F W S O E E N B U S O

H B M I A P K O G L B T S R O

T O O T H P A S T E G K H S I

78

R Z S A T A N Z E V J S U S B

N N O I O S D N Q I J Z I N R

H W A L O P C A G K U D R E O

A F S M T N E H L Q P M D E N

H W T E H F G G U L P I P Z C

R Y H N A I U F G R E C C E H

M K M T C O U G H E H R N P I

T X A O H A P V S A R N G Q T

N H T H E A D A C H E P B Y I

C A N C E R C Z P F E V E R S

79

O H V G C R U T C H B P A B I
O I P R E S C R I P T I O N N
R P N H J M Z C S K L Q A I J
C T E T R X E Z Z L Q F I V E
V R J R M G H M I X T U R E C
Q N Q M A E C P L A S T E R T
H U G D G T N V O U Y J P B I
H T N A L M I T G Q Z C Y M O
Z A T H E R M O M E T E R U N
B K F X A L Z V N J R I B B S

80

Z P T E R A N O D O N S I B D
P H E R G O A E L T Z F L A I
T R I C E R A T O P S Z Y R P
Y Y G W K X K P S M Z W D O L
Y B C E R A T O S A U R U S O
T O R V O S A U R U S B J A D
G A L L I M I M U S I I N U O
W M Y N R W H C M I N A W R C
D E I N O N Y C H U S U Q U U
E O R A P T O R X F H Q V S S

81

R X L K E X H I B I T A P T R
B E Q M G D U V U O H S C R E
L Y S C P W Q H N T V G O E E
O J O E G S A S T A T U E A K
T O M B A N C I E N T R N S Y
Q L C T F R M A U S O L E U M
C Y F T L C C V P S K B P R G
C E N T U R Y H U M U G X E R
Z O J A R C H E O L O G I S T
R E C O N S T R U C T I O N E

82

F Y J D N E Q C P B B K F R T
J N U E N B P I W J Z P Q O Y
U N R O A E L Y U L I V E R T
P L B E L Z N O C S J A L R K
X F M H T V J Y O P G G A Q A
B A Q U S Z E G N D S E N Y C
R C J G S N A Q Z I H B Y Z J
A Y L J D C J Y K M J L U N G
I H V I A X L S T O M A C H K
N B K J I W H E A F M B A O H

83

V C C Q B F M W W X M M E A T
D N U O K T F O X G O D F Y E
N I M F E D J B S K P B G C A
I M P L F C L C H U G R G K R
N K L S Z L C V E S L A J E R
S A B C G F I U E H A C R Y I
W A T C H M B N R Z S E I R N
L S F R L Z V Q K H S L N I G
H A N D B A G H L S E E G N S
N E C K L A C E D Q S T X G D

84

W I D C J S N P A F S I L K N
Q V R T F O V S V R I T V S F
D X E K F W G A X O E C I Y L
S D M F Q X N T Y V V O S N M
U V I T E J A E L Y I T C T B
O H B C L X M E Y T R T O H I
C I F L W K V N A W X O S E E
D X O A Y P X X J D T N E T F
B O S U E D E H N U T C O I U
W G J Z J O J T C X P R V C R

85

V T R A V E L A G E N C Y I L
A B D V U C Z R L F Z R Y D L
C P O W E B N R O U O C A E N
A F T O U R I S T U N R T Z L
T I M Q V N T E K E T O O Z U
I S D Y E U K A R M H E S A G
O Z K V X C J R T W V I B L G
N D U L I R U F B R M Y D J A
H O J T B C V A I R P O R T G
S T J C K T F H V U C E G H E

86

M G C X O S C C N K C Q P A Q
K N V Q I R M L C J L I O P B
F U B E Q P C O A M G X A C K
E Z D L Z O R H T S K R O Y W
J A Z Z N P W T E L S C F T F
P P H J R L S O O S S I Q Z U
T L L T O M Y F Y I T X C E P
R V O K N T V N D R X R K A U
I N S T R U M E N T A L A D L
G J J X S A P O P U L A R L P

87

F T R U M P E T Y B L P M S J
S R T E F J I W W O E G W E H
A K E K N G K A O J X I O I A
X Q Z N O S J P N Z R H B B R
O D N W C S V G I O N Y K A P
P R V J G H X O K I F Z T T H
H H I D D R H C L A R I N E T
O M M N R F J O S O U U I E G
N W T K G U I F R G F L U T E
E G Q N O V M D X N B C B Y C

88

L V U N H Z P D X F D R N Q E
H M O U F H Y K Y D E C Q X P
H N N V C Y A B S P R H A N U
A B K S C N O M A O N I R A P
N E D D S C F P M X G S L H L
D O S W R E D P D E K E W L I
S X V J D N X I U C R L X O E
A V H K A Y Z G P X Y J K S R
W J Z S O F W R E N C H I F S
S C R E W D R I V E R V W P B

89

T Y D V A P X C H C X O Q U S
Z Q M H T M I G Y P S U M R B
L X E E C G L A S S R Y C U R
D E T V J H P D T E B R O B I
P T A P L H O E O E W F N B C
C A L E G O T V N K V U C E K
B H K U W Q Q P E I M G R R B
P L A S T I C B F L Y E E R R
E W V Q Z T D P A P E R T N C
U N N Q R Q C Q U W S X E K F

90

C I Y N X V O N K G A N H O I
D N P S O I P O G W R C O V V
H Y H M V V B E N Q U L K F S
C G H E L C E T P O R G D Z H
S L I L O O K R T X G V C Z E
T I C L E E P C H S I G H T A
A M I H R J I W A E T K K A R
R P Q Z O V K R L S A C K S I
E S X G L A N C E L R R Y T N
S E O P X C B W Y X L J P E G

91

```
W R K X I S B T N O M Z V N H
H E P A X U G J O Y W S S A D
Q G A T T E N T I V E N H E I
E R K C Y C M W F J H I Z Y N
Q E U P K T B O H W S A S R T
M T P L E A S U R E M U Z I E
E A P L Q B F J X A N P C B R
H A S T O N I S H M E N T A E
N K P T H O S T K Y Y N U C S
A X X J M T W Q J L O V E X T
```

92

```
E D U A R R O G A N C E M A C
X A C J B G H B A J S H Y N O
W Z Z D B K I F K U S W F N N
D N L Y R M X G R G G H L O T
P V U E L D I S L I K E B Y E
R T G I R R I T A T I O N A M
N N X G J E M S F E A R E N P
A N T I P A T H Y L F D Z C T
D I S G R A C E Y G N G S E G
O G V I W N N A V E R S I O N
```

93

```
S T L F B B F P Y H R U P E E
B Z E S I P E S O I E Q X T R
I M L U P R J Z M I U E E K E
D N Q F L O N W C J P D U Q E
O E Z R U B L E O Z O W Z R W
L M F A D I U O Y O U A Q F O
L H Y N A C Y Y C E N T I N D
A H U C H C F H G Y D C E U A
R U A V Z W N V R V F Y C M F
S R N M L G U G M H L U H Y O
```

94

```
D J I G S A W P U Z Z L E L S
F R P L A Y I N G C A R D S C
D Y A J T H Z A O M W B T S R
Q A G U L X I R D X M Q S K A
B A C K G A M M O N K E H F B
O P R V S H I C M E H B J J B
L J K J A R T G I C V O W E L
A D I C E S S S N R Y Y Y G E
T W H S Z D U R O U L E T T E
M O N O P O L Y J W G R H O D
```

95

```
M C M R D N D F K R G V S V Z
W L I G K A F W P I Q Q Z V R
R U Q G H E C F U R R K T A K
Y B X E Z S S S J M G T O C S
Z S J A E B R R F T I Q O E H
F P G D G E E C V R I N T V E
F O A N K K U H J Q Z Y W Y A
N P I O O T R U M P C A R D R
S K J P D I A M O N D S T B T
L Y P U A Q U E E N M D K E S
```

96

```
S I N R K L K A T Q U E E N F
K G K O J S L E B H N C O S C
Q N O G G V V G F Q S K O A A
F R I N S G Q Q B Y F R H Q S
C U I G Y L D M N Q X O J G T
J K C J H H I U Y U C T D X L
W Z P H U T L B I S H O P Y I
T O U R N A M E N T N K Q Y N
P A W N C H E S S B O A R D G
C H E C K M A T E M A B V B I
```

97

```
S N C B A L L O T Z A N D D W
E C A N D I D A T E G M E E T
D M W Y I Q W E F I R Q M B H
P E Y P A U V K A O L F O A X
Q G P X E J R P F H V G C T H
G F G U Y E M E W A J Z R E P
W S F M T A R L G X T T A S O
M H A O C Y Y P C Q D C C H S
G O V E R N M E N T B K Y K O
J D E C L A R A T I O N D E Z
```

98

```
J M C T F G R L Q S N R C B O
I K F P V E C I T I O X A R F
Y L W W I P O E C N J B P I F
Q H L D S D R U G O C L T G I
D B L C N Q P T E I L D A A C
B O L K Z N O E N V D O I D E
S Z M A J O R N E Q X E N I R
E K G R M T A A R U S H B E W
G T O S U O L N A Y B R E R L
S E R G E A N T L X F O O L M
```

99

```
H G H F E J G I J P R O T O N
I N K O D P N I S E B Y M O B
O P H O T O N I L O E K R Q P
N T L O R V I U Z E T T C V U
S N H T G A C G Z W C O H T P
U B U Z A E J E W E Y D P P S
O E G A L J N A L L J B K E D
N C Q O H C I E L F B A T O M
B W M D O I T E K A O N O N J
J N G I W D C V N R N H R Z B
```

100

```
I C A P S Z L I R A D I O G T
N F U A E R O P L A N G N R E
T M T E L E P H O N E R N O L
E A O E L E C T R I C I T Y E
R X M L D J W Z Z Q M I F J V
N C O M P U T E R V X Z L S I
E V B P H O T O G R A P H Y S
T C I T W T O J V A A T W V I
W W L R F A T G Z M X A I Y O
S T E A M E N G I N E G Y W N
```

101

```
M N I C O L A T E S L A C Q L
E A V P J J L F V I G E W L U
N B A D B A Y H Q N L D E W Q
D X M X C D I U Y T E W B I G
E H W S I A E F O F X W M S K
L L A Y J R R T Z A G O T W Y
E P U E I W S D M C D K V O B
Y L M A R I E C U R I E L K N
E T S P R N I E L S B O H R R
V K P A O S R E I N S T E I N
```

102

```
O G O S S E O C R W J N D D H
B J T K Q K V A J A Y K H E E
H U A W N I P R K Y D J E F A
L Z L Y P P E R R A U L T O N
V J I Q Q L G O V Z M V N E D
P U X L A I M L D G R I M M E
H Y A X V N I L J G A T Z B R
Z F J F X G L W S W G J H Z S
K D I C K E N S T V F O V H E
D A G M F P E R O W L I N G N
```

DEAR READER!

HAVING REACHED THE END OF THIS WORD SEARCH PUZZLE BOOK, YOU ALREADY KNOW FOR SURE: THE BRAIN IS A VERY IMPORTANT ORGAN.

SINCE YOU HAVE REACHED THE END OF THE BOOK AND SOLVED ALL THESE PUZZLES, THIS MEANS THAT YOU HAVE SUCCESSFULLY MADE YOUR BRAIN WORK 100%

BUT DON'T STOP AT THE POINT! CONTINUE TO DEVELOP YOURSELF AND YOUR INTELLECT.

YOU WILL NEED THIS IN SCHOOL AND IN LIFE.

A HUGE AND VERY EXCITING WORLD OF PUZZLES WILL OPEN FOR YOU THANKS TO THE BRAIN PUZZLES BOOK.

YOU WILL FIND MANY INTERESTING BOOKS ON A VARIETY OF THEMES WHAT YOU WILL TRULY ENJOY, AND WE WILL BE VERY GLAD AND PROUD IF YOU SPEND YOUR TIME WITH OUR BOOKS FOR THE BENEFIT FOR YOURSELF AND YOUR BRAIN.

SO, DON'T WASTE YOUR TIME, TAKE A PENCIL AND USE YOUR BRAIN AS MUCH AS POSSIBLE.

DO NOT FORGET TO COLLECT YOUR BONUSES AND WRITE YOUR WISHES ON: **BRAINPUZZLESBOOK.COM/KIDS-BOOK**

GOOD LUCK AND BRILLIANT RESULTS!!!

Brain Puzzles Book

Made in the USA
Columbia, SC
24 August 2021